La tempestad

EL MUNDO DE LAS LETRAS

822.33
S527t   Shakespeare, William, 1564-1616.
         La tempestad / William Shakespeare;
         traducción, introducción y notas de
         Paula Baldwin Lind y Braulio Fernández Biggs.
         1ª ed. Santiago de Chile: Universitaria, 2010.
         139 p.; 13,5 x 21,5 cm. (El mundo de las letras)
         Bibliografía: pp.137-139.

         ISBN: 978-956-11-2191-1
         ISBN Libro en versión electrónica: 978-956-11-2192-8

         Drama inglés.
         I. t.   II. Baldwin Lind, Paula, tr.
         III. Fernández Biggs, Braulio, tr.

Texto compuesto en tipografía *Berling 11/13*

Se terminó de imprimir esta
PRIMERA EDICIÓN
en los talleres de Productora Gráfica Andros Ltda.,
Santa Elena 1955, Santiago de Chile,
en septiembre de 2010.

DISEÑO Y DIAGRAMACIÓN
Yenny Isla Rodríguez

CUBIERTA
Winslow Homer (American, 1836-1910), *Summer Squall*, 1904.
Oil on canvas, 24 1/4 x 30 1/4 in. (61,6 x 76,8 cm).
Sterling and Francine Clark Art Institute, Williamstown, Massachusetts, USA, 1955.8.
©Sterling and Francine Clark Art Institute, Williamstown, Massachusetts, USA.

www.universitaria.cl

William Shakespeare

La tempestad

Traducción, introducción y notas de
Paula Baldwin Lind y Braulio Fernández Biggs

EDITORIAL UNIVERSITARIA

ÍNDICE

Agradecimientos   8

Introducción   9

  1. Londres, c. 1600   9

  2. Composición y fuentes   12

  3. ¿Qué es *La tempestad*?   17

  4. El estilo de Shakespeare   32

  5. La presente traducción   36

  6. Texto utilizado y metodología de traducción   39

Notas a la traducción   41

LA TEMPESTAD   43

Bibliografía   137

AGRADECIMIENTOS

Queremos dejar constancia de nuestra gratitud hacia algunas personas e instituciones. A nuestras respectivas familias, por su presencia y cariño. A los profesores Dr. Miguel Donoso R. y Dr. Diego Honorato E., generosos lectores y revisores de nuestra traducción, que nos aportaron tantas ideas como mejoras. A la Dirección de Investigación de la Universidad de los Andes, en particular a su Fondo de Ayuda a la Investigación (FAI), sin cuyo concurso y apoyo esta publicación no habría sido posible. Y a la Editorial Universitaria, por su incansable compromiso con el saber y la cultura.

INTRODUCCIÓN

1. Londres, c. 1600

Si algo caracterizó la escena teatral inglesa de la modernidad temprana fue su impresionante vitalidad. En Londres, en la ribera sur del Támesis no muy lejos del puente –Southwark, para ser precisos–, media decena de teatros estuvo por décadas literalmente en ebullición. Y en otras partes de la ciudad, repartidos dentro de los límites de sus murallas y aun fuera de ellas, tres veces esa cifra... Y eso que la población total de la capital, para la época, no superaba las 200 mil personas (Boulton, p. 3). Ocurre que el teatro isabelino fue un fenómeno no solo artístico sino también social, únicamente comparable al teatro griego del siglo V a.C. o el español de los siglos XVI y XVII.

Y aunque es muy complejo establecer causas (tampoco es del caso hacerlo aquí), sí se pueden señalar algunos efectos. La producción teatral del período respondió a las demandas de un mercado altamente dinámico y, por lo mismo, exigente. Había que proveer a las compañías y a los productores de textos bajo alta presión (y dinero de por medio, claro). Tanta era la urgencia por nuevas obras, tanto el interés del público –y de la corte, cuyo apetito también aportó al fenómeno–, que los dramaturgos florecían casi al ritmo de las primaveras. Y, por cierto, los había de todo tipo: buenos y malos, universitarios y legos, protegidos y vulnerables. Algunos también actuaban. O eran propietarios de las salas... y hasta cortaban boletos. Cuando no daban abasto, trabajaban juntos. Cuando ya no eran capaces de producir por sí solos –o no era suficiente–, se unían. Y entonces uno ideaba el *plot* (esquema o estructura general) y otro escribía la obra; se intercambiaban escenas para corregirlas, o se reescribían sobre la base de los textos originales de algún otro. Dos, tres y hasta cinco manos algunas veces (como en la inconclusa *The Book of Sir Thomas More*). En todo caso, era normal que algunas piezas se escribieran sobre la base de otras, o que derechamente se copiaran, mejorándose en este o aquel aspecto. Que se citaran, se modificaran, se hicieran versiones sobre otras versiones y se intercalaran escenas. Que se recurriera a las crónicas de la historia inglesa para ajustarlas a amaño o a alguna otra fuente, de variada especie, tenida como interesante e inspiradora. Frecuentes fueron también las fusiones, plagios, parodias y homenajes. O las versiones de uno u otro dramaturgo sobre un mismo tema. Y por ende las competencias... y alguna vez hasta un homicidio. En fin, se dieron en Inglaterra por aquel entonces todas las formas imaginables de creación dramática, en un contexto de vitalidad artística solo comparable, como dijimos, al de la Grecia clásica o al del teatro español de los Siglos de Oro. Por ello, se nos ha prevenido de malentender una dimensión crucial de este fenómeno recordándosenos que, entonces, "un poeta demostraba originalidad no inventando nuevas historias sino adaptando las ya existentes [...]. El genio no radicaba en la invención, sino en la transformación" (Miola, p. 2).

Sin embargo, del período que va de 1579 a 1642 solo se conservan 620 obras de teatro y a lo menos se habrían perdido 1.500. Muchos especialistas calculan la producción total del período en 3.000 piezas (Cfr. Vickers, 2004, pp. 3-43). Estas cifras, para un espacio poco inferior a los 65 años, dan cuenta de un desarrollo sorprendente: algo así como 46 estrenos anuales en promedio, sin contar las funciones subsiguientes. ¿Por qué nos quedó tan poco? Al menos hasta 1624, en que quedó a cargo del Lord Chamberlain, existió un órgano de censura teatral, el *Master of the Revels*, que conocía de las obras y otorgaba las licencias de representación. Y el *Stationer's Register*, donde se guardaban copias. Pero conservamos apenas un 20%. Además, hasta antes de 1590 la impresión de piezas dramáticas dio muy poca importancia al autor, si es que alguna; y prácticamente no hay registro de coautorías, pese a lo dicho más arriba. Esto fue cambiando poco a poco –la fama siempre ha sido una previsión de éxito comercial–, y para el período que corre entre 1570 y 1659 hay registro de 497 obras que indican autor, y 32 coautorías (Vickers, 2004, p. 17). Pero sigue siendo muy poco dentro del total. ¿Por qué?

Entonces, los dramaturgos escribían para la puesta en escena, para la representación. El texto no tenía otro objetivo ni utilidad que esa. El fenómeno era el teatro y no la escritura; la demanda era por *plays* y no por cuartillas. El público, especialmente los *groundlings* que atiborraban de pie el espacio sin asientos frente al escenario, no quería leer sino ver. Lo escrito se consideraba un insumo; crucial, por cierto, el más fundamental de todos, pero tampoco el único, e insumo al fin. Lo relevante era lo que los actores lograran hacer con los textos en escena, y no al revés; por lo que podían modificarse y ajustarse cuanto fuese necesario. De hecho se modificaban y ajustaban según necesidad, y hasta entre temporadas. Nada tenía importancia sino en escena: todo era la escena, incluida su dolorosa fugacidad... Así, no es extraño que no conservemos manuscritos de Shakespeare, como tampoco de muchos de sus contemporáneos.

Con todo, en estas febriles décadas teatrales hubo dramaturgos que sobrevivieron. Es decir, autores cuyas obras impactaron de tal manera que, pese a las interrupciones debidas a la peste bubónica (1592-94; 1603-4) y a la férrea oposición que arreció desde los púlpitos y las prensas puritanas (Cfr. Wiggins, 2001, pp. 25 y ss.) –aparte de las fuertes acciones de regulación ejercidas ordinariamente por el *Privy Council*, grupo de consejeros que, además de asesorar al rey o la reina en materia de leyes y política, podía regular la industria del teatro–, siguieron representándose una y otra vez. En todos los demás teatros de la ciudad, fuera de Londres y hasta en la corte y Whitehall. Blackfriars, Boar's Head, Cross Keys, Curtain, Fortune, Globe, Hope, Red Bull, Red Lion, Rose, Swan, Theatre... en fin. Y que, por lo mismo, terminaron siendo conocidas del público. Y ya no tan solo en su estructura general sino también por las características singulares de sus personajes; por su materia, factura y conflictos, y por la maravillosa música de sus parlamentos. Se comentaron determinadas escenas o algunos episodios que parecieron inolvidables. Y se discutieron otros quizá despreciables... o conmovedores. O que, debido a la misma discusión que generaran, parecía preciso revisar con calma por si hubiese algún peligro, a causa de ciertos giros argumentales curiosos o posibles blasfemias.

Y entonces esas obras quisieron ser leídas y se imprimieron. Algunas pocas en vida de Shakespeare –que fue uno de los sobrevivientes a la fugacidad–, tal vez sin su permiso y hasta de forma clandestina. La mayoría, en forma póstuma. Y entre ellas *The Tempest*.

2. Composición y fuentes

Lo anterior nos permite entender, en parte, por qué sabemos tan poco sobre la génesis de *La tempestad* y la suerte que corrió en vida de su autor: apenas algunos datos del registro y probable fecha de estreno, escasas noticias acerca de sus representaciones, y un par de conjeturas más o menos razonables respecto a la eventual datación de su escritura y a posibles cambios de importancia hechos a una versión original que, por cierto –y como con toda la producción shakespereana–, hemos perdido. Incluso se ha perdido la tradición teatral que surgiera desde sus orígenes: hasta entrado el siglo XIX se siguió representando la adaptación de John Dryden y William Davenant, *The Tempest, or, The Enchanted Island* (1670); que mantiene apenas, si acaso, un tercio del original.

La primera impresión conocida de *La tempestad* data de 1623, en la edición *In Folio*. Notablemente, encabeza la recopilación de comedias, *histories*[1] y tragedias que publicaran John Heminge y Henry Condell siete años después de la muerte de Shakespeare y que nos conservara prácticamente todo el canon. Decimos notablemente, pues *The Tempest* es más bien de las últimas obras que escribió, si no la última. *The Famous History of the Life of King Henry VIII*, aunque estrenada en 1613, fue escrita en coautoría con John Fletcher; y muy probablemente también *Two Noble Kinsmen* aparte del perdido *Cardenio*. En fin, sus razones habrán tenido Heminge y Condell para tal preeminencia (o los *publishers* Isaac Jaggard[2] y Edward Blount), cuestión sobre la que volveremos luego. La obra se compuso en caracteres móviles a partir de una copia realizada por Ralph Crane, escribano que habría trabajado sobre un original del propio Shakespeare o un guión en poder de los *King's Men*, última compañía de teatro a la que Shakespeare perteneció. Y aunque se trata del único caso en que una pieza del dramaturgo no da pie a discusiones filológicas entre dos o más textos fijados –pues no se conserva manuscrito ni impresión alguna anterior a 1623, como ya anotamos– y a que la edición que reproduce el Folio es bastante más

1   Dramas históricos acerca de reyes y dinastías inglesas.
2   El trabajo de composición lo inició el padre de Jaggard, William, que era ciego. No sobrevivió a 1623.

"limpia" en comparación con otras, no se deben perder de vista los muchos y hasta muy serios problemas que esa edición en sí misma presenta.

Según lo que se ha podido inferir, en la época isabelina una obra de teatro pasaba por diferentes etapas y, ciertamente, diferentes manos antes de llegar a ser impresa en papel. Los borradores originales o manuscritos del autor se llamaban *foul papers*. La transcripción de ellos, realizada por algún copista o escribano, daba origen a una *fair copy*. Esta copia, ya considerada apta para ser revisada por terceros, servía de base al trabajo posterior. Para la puesta en escena, la compañía y los actores utilizaban un *prompt book*; que era una *fair copy* con anotaciones para su representación y que podía incluir la licencia y modificaciones introducidas por el *Master of the Revels*. En los ensayos, los actores solían modificar la pronunciación o ritmo de algunas o muchas palabras, pues era más bien la musicalidad y armonía del sonido lo que deleitaba al público. También se hacían ajustes estructurales. Estos cambios significaban no solo alteraciones al original del dramaturgo sino al mismo *prompt book*, que quedaban –o no– consignadas en él.

Después, en la imprenta, el texto pasaba a manos de los cajistas (*compositors*) quienes –y como ocurriera hasta hace solo unas décadas de manera básicamente similar–, lo componían en caracteres móviles para su impresión. Comenzando desde las páginas centrales, iban ajustando el texto en cada hoja siguiente, para luego imprimirlas una a una e ir corrigiendo la puntuación, ortografía, etc. En esta composición, lenta y trabajosa, se cometían muchos errores y de muy variada índole: sustitución de letras y palabras, omisiones de frases o líneas completas, cambios de línea de algunos versos. Estos errores ocurrían, generalmente, debido a problemas técnicos de espacio o acomodación del texto al tamaño de la página (por ejemplo, si una línea no cabía y el cajista estimaba que perderla no dañaba en demasía el sentido total del parlamento o cuadro que estaba componiendo, simplemente la eliminaba...); transliteraciones erradas desde una copia por la peculiar caligrafía de su autor; malinterpretaciones por lagunas, borrones, manchas de tinta u oscuridades del manuscrito o copia; o, simplemente, por incompetencia del cajista.

Para el caso de *La tempestad*, que se compuso según lo descrito, la edición del texto se complica por una razón adicional: los cajistas de Jaggard y Blount no trabajaron con un manuscrito de Shakespeare, como ya dijimos, sino con una copia del escribano Ralph Crane, con características propias a sus hábitos de escritura que no necesariamente representan el estilo del dramaturgo y que han podido establecerse a partir del estudio y análisis de otras copias suyas que se han conservado[3]. Entre estas, destacan especialmente su tendencia a utilizar dos puntos en vez de punto y coma, signos de interrogación en vez de exclamaciones, adición de guiones, tendencia a escribir algunas palabras con determinada ortografía y gran uso de elisiones[4], no siempre justificadas dada la estructura del verso blanco. Pero, y sobre todo, destaca en Crane la falta de precisión para distinguir el verso de la prosa y su afán por puntuar abundantemente a diferencia de Shakespeare; quien, al parecer, lo hacía de modo muy leve. Además, las últimas obras del dramaturgo muestran mayor flexibilidad en la métrica y acotaciones más elaboradas.

En suma, el caso es que tampoco el Folio de 1623 expresa necesaria ni completamente a Shakespeare. Incluso, y hasta cierto punto, bien puede considerarse una interpretación[5].

Digamos por ahora que, históricamente, se ha sostenido que *La tempestad* fue compuesta hacia 1610, sobre la base que el dramaturgo, ya en su retiro final en Stratford, habría tenido como principal fuente de inspiración el resonado naufragio del *Sea-Venture* en las Bermudas en 1609, la nave de sir Thomas Gates cuya tripulación salvó milagrosamente y arribó después a las costas de Virginia. El suceso corrió de boca en boca por todo

---

3   Ver, por ejemplo, lo que a este respecto dicen Jowett, pp. 82-84, y Vaughans, pp. 126-30. Trabajos fundamentales en la materia son: T.H. Howard-Hill, *Ralph Crane and Some Shakespeare First Folio Comedies*, Bibliographical Society of the University of Virginia, Charlottesville, University of Virginia Press, 1972; E.A.J. Honigmann, *The Texts of 'Othello' and Shakespearean Revision*, London, Routledge, 1996; y Addison Roberts, "Ralph Crane and the Text of *The Tempest*", *Shakespeare Studies* 13, pp. 213-33.

4   Casos típicos son *th'* por *the*; *'tis* por *it is*; *o'er* por *over*; *wi'th'* por *with the*; *o'th'* por *of the*; *i'th'* por *in the*; *'em* por *them*, entre otras.

5   Para más detalles y matices, Lindley, pp. 219-50 ("Textual Analysis") y Vaughans, pp. 124-138 ("The Text").

Londres y aun más allá, y habría despertado en Shakespeare la antigua idea de escribir una pieza de naufragio, en circunstancias en que el Viejo Mundo se encontraba ya completamente encandilado con lo exótico y fabuloso del Nuevo. Con todo, la posible lista de fuentes e inspiraciones no se agota aquí, y es bastante larga y debatida; entre otras razones, porque *The Tempest* es de las pocas obras de Shakespeare que no posee una sola fuente principal.

Así, habría que incluir entre ellas, y desde luego, la carta-reporte de William Strachey sobre el *Sea-Venture*, barco en que él mismo viajaba cuando el naufragio de 1609, aunque solo se publicó en 1625[6]; el ensayo "De los caníbales", de Michel de Montaigne (algunas líneas del cual cita Gonzalo casi a la letra, de la traducción inglesa de John Florio, al reflexionar sobre su república ideal en 2.1.148-57); *Metamorfosis* VII de Ovidio (más bien una cita que una fuente); la *Eneida* de Virgilio (aunque los chistes sobre la viuda Dido en 2.1 difícilmente podrían considerarse una fuente; sin perjuicio de los antitéticos ecos de Eneas y Dido en Ferdinand y Miranda, y el hecho de que Geoffrey Bullough nada incluyera de Virgilio en su *Narrative and Dramatic Sources of Shakespeare*); quizá y hasta la figura de Leonardo da Vinci para la caracterización de Próspero; en fin, sin contar el hecho que Shakespeare se cita a sí mismo varias veces[7].

Pero a la luz de lo dicho en el punto anterior, ¿importa realmente tener certeza y claridad sobre las fuentes? Si el genio de los dramaturgos isabelinos no radicó en la invención sino en la transformación, poco pareciera interesar, a efectos de ponderar la calidad intrínseca de *La tempestad*, cuáles hayan sido los materiales con que Shakespeare se nutrió para producirla; que pudieron haber sido aquellos y otros más, como ninguno y aun otros muy diferentes[8]. Pues, y desde esta perspectiva, ¿es más fuente

---

6   *"A true repertory of the wracke, and redemption of Sir* THOMAS GATES *Knight; upon, and from the Ilands of the* Bermudas: *his coming to* Virginia, *and the estate of that Colonie then, and after, under the government of the Lord* LA WARRE, *July 15. 1610. Written by* WILLIAM STRACHY, *Esquire".*

7   Sin perjuicio del monumental vol. VIII de la obra de Bullough ya referida, buenas síntesis de este problema hay en Lindley, pp. 25-30, y Vaughans, pp. 287-314.

8   Sobre posibles influencias de contexto, Vaughans, pp. 36-73.

Montaigne que algún desconocido vecino de Stratford apasionado por los libros y la alquimia? Mucho se ha hablado del elemento pastoril presente en *La tempestad*; e, incluso, Ekbert Fass ha calificado a Shakespeare como "el poeta de la naturaleza" (aunque por razones que trascienden lo pastoril). Así, Ariel pudo haber surgido desde cualquier recoveco de su mente, tanto o más influenciada por las praderas y bosques que antes había en Stratford como por los relatos fabulosos de otras geografías impresos en *quartos* (modo de encuadernar que consistía en doblar el pliego de papel dos veces, lográndose así cuadernillos de cuatro hojas, o sea, ocho páginas).

Por cierto, es del todo legítimo el interés histórico y aun literario por dichas eventuales fuentes. Y entre otras razones, justamente para mejor comprender la naturaleza y características del proceso creativo del teatro inglés de la modernidad temprana, y el de Shakespeare en particular. Sin embargo, insistir demasiado en ello hasta acercarse a la frontera donde nace la valoración dramática de la obra –su calidad artística y resultado estético–, en cierto modo podría implicar retrotraerse al estado de los asuntos anteriores a 1944 cuando, y por ejemplo, T.W. Baldwin echó por tierra los prejuicios intelectualistas contra la autoría de Shakespeare sobre sus obras demostrando, en un estudio de más de mil quinientas páginas, que la gran mayoría de las citas, alusiones y referencias utilizadas por el dramaturgo, como buena parte de sus posibles *sources*, en realidad integraban el currículum y eran lectura obligada en el *grammar school* isabelino, al que consta por registros que William asistió regularmente.

Por lo demás, si se lograse establecer una lista definitiva de los textos o fuentes de cualquier naturaleza que Shakespeare tuvo en mente al concebir *La tempestad*, dicha lista debiera quedar siempre abierta; "pues los lectores continuamente reconocen ecos de otras fuentes. [Con todo], esta apertura implica un problema fundamental para nuestros métodos críticos: que la prueba del eco verbal está cargada de incertidumbres" (Miola, p. 13). Así, habría que volver a leer a Virgilio, Ovidio, Montaigne, Strachey, etc.

El caso es que la primera puesta en escena de la que se tiene registro tuvo lugar el 1 de noviembre de 1611, en la corte, con ocasión de la "Hallomas nyght" o Noche de Todos los Santos;

aunque es del todo probable –dicen los especialistas– que, dadas las mismas circunstancias de esa representación, *La tempestad* haya sido previamente estrenada en algunos de los teatros que, desde 1608 en adelante, la *King's Company* o los *King's Men* utilizaron alternativamente: el Globe en verano y Blackfriars en invierno[9]. Por una parte, pues conocido era el gusto de Jacobo I[10] por las mascaradas, de las que en *La tempestad* hay un ejemplo singular (ya hablaremos de esto). Y, por otra, dado el transcurso "en tiempo real" de la obra –salvo la primera parte–, no es del todo disparatado pensar, como se ha hecho, que acaso la versión que conservamos sea la abreviada de otra original, muchísimo más larga (de hecho, *La tempestad* es la segunda obra más corta de Shakespeare después de *The Comedy of Errors*). Así, la gran relación que hace Próspero de los sucesos anteriores a su llegada a la isla con Miranda en 1.2, podría ser un resumen de acciones alguna vez representadas. En fin, durante el invierno de 1612-13, *La tempestad* se habría vuelto a ver en la corte para las celebraciones del matrimonio de la princesa Isabel con el príncipe Federico, elector Palatino[11].

3. ¿Qué es *La tempestad*?

Lo poco que conocemos de la génesis de la pieza y su suerte escénica en vida del autor, contrasta sin embargo con la ingente revisión crítica de la que ha sido objeto, y el interesantísimo desarrollo histórico de su representación dramática desde el siglo XIX en adelante, cuando se la repuso del secuestro que sufriera por

9   Más probablemente este último, que era un espacio cerrado y de menores dimensiones, pero por lo mismo más apropiado para desenvolver el aparataje escénico requerido por la obra.

10 Jacobo fue uno de los reyes británicos más intelectuales. No solo consolidó el teatro isabelino, sino que impulsó en general las ciencias y las artes. De hecho, Shakespeare presentó sus obras en la corte varias veces a petición del mismo Rey. Escribió eruditos trabajos como *Daemonologie* (1597); *The True Law of Free Monarchies* (1598), tratado en el que cuestionó que el derecho divino de los reyes fuera sancionado por la sucesión apostólica; *Basilikon Doron* (1599); y *A Counterblaste to Tobacco* (1604). Pero, sobre todo, fue él quien ordenó la traducción de la Biblia que es hasta hoy la oficial de la Iglesia Anglicana, conocida como la *King James Version*.

11 Federico V, elector palatino del Rin; luego Federico I, rey de Bohemia.

la versión de Dryden y Davenant. Desde interpretaciones con marcado carácter religioso hasta visiones sociopolíticas a la luz de los estudios coloniales y postcoloniales, pasando por lecturas esotéricas, místicas, escatológicas, fantásticas, simbolistas, filosóficas, psicológicas y de género, prácticamente de todo se ha dicho acerca de *La tempestad*; y se la ha puesto en escena asimismo desde las más variadas propuestas teóricas y estéticas, sin contar sus representaciones –o repercusiones– musicales, pictóricas y cinematográficas[12]. Quizá, incluso, tanto como *Hamlet*... En principio, esto no debería sorprender pues sabemos que la obra de Shakespeare se ha leído de manera diferente en cada época, y según los distintos lugares y culturas. Se trata, justamente, de una de las manifestaciones del carácter universal de su genio. Sin embargo, "la notable variedad de interpretaciones de *La tempestad* ha derivado con frecuencia de los diferentes modos en que los críticos han imaginado la prehistoria de la obra" (Lindley, pp. 12-13). Es decir, lo que pudo haber tenido en mente el autor, sus eventuales fuentes, las "condiciones de producción" y toda una variada gama de contextos y circunstancias históricas, políticas, sociales y culturales. Y es que "*La tempestad* es un texto que parece diferente en diferentes contextos; por lo mismo, ha sido utilizado para sostener afirmaciones radicalmente opuestas" (Orgel, p. 11).

Sin desconocer el valor de dichas interpretaciones –en sus respectivos méritos–, pensamos que algunas han traído a la versión que conservamos elementos que no están en ella, o la han exprimido al punto de extraerle otros que, por definición, solo son partes que no deben confundirse ni identificarse con el todo. En ocasiones se asume la literalidad como prueba irrefutable en algún sentido, y en otras se la niega. Hoy como ayer, el texto es un punto de partida para algo que va a ser representado. "Para Shakespeare y su compañía, el texto era solo el comienzo y no el final de la obra" (Orgel, p. 12). Y, hoy como ayer, es obvio que las intenciones del autor no tienen por qué coincidir con sus re-

---

12 Una buena relación hay en Lindley, pp. 1-83 ("Introduction"). Digamos, de paso, que The New Cambridge Shakespeare destaca, precisamente, por su acento en lo teatral y performativo. Véase también Vaughans, pp. 73-124 ("The Afterlife") y Orgel, pp. 64-87 ("The Play on the Stage").

sultados. La obra adquiere vida propia, se enajena de su creador, se hace pública: es decir, objeto de recepción. Quizá solo en los *King's Men* –como colectivo y no como un simple eco de lo escrito por Shakespeare– estuvo alguna vez el sentido cabal de *La tempestad*. Pero lo hemos perdido, no nos ha quedado registro ni evidencia. Y entonces nos vemos obligados a interpretar; pues a pesar de la literalidad de lo que conservamos, el proceso creativo tuvo lugar hace 400 años. Y entonces las cosas no eran iguales a como son ahora.

Aunque tampoco tan diferentes… Y ésta es, tal vez, la mayor manifestación del genio universal e imperecedero de Shakespeare. Como todo clásico, ha sobrevivido no solo a su época sino al insobornable paso del tiempo y a los avatares de una lengua –el inglés– tan viva como los organismos del mundo físico, precisamente porque la sustancia de su obra no descansa en aspectos coyunturales o de mera contemporaneidad, sino en cuestiones permanentes. Y esas, creemos, son las que hay que buscar –o recuperar.

Es posible que muchas de las interpretaciones y corrientes representativas –más o menos atrapadas en sus correspondientes rigideces teóricas– hayan surgido de un sobre análisis del texto; de un súper escrutinio que ha configurando sentidos que si bien nunca son del todo arbitrarios –pues derivan, precisamente, de él–, a veces resultan difíciles de compatibilizar con el sentido natural de la obra –con todo lo polémico que pueda ser este concepto, desde luego– llegando incluso hasta subvertir de algún modo lo más literal…[13] Brian Vickers, en *Appropriating Shakespeare: Contemporary Critical Quarrels*, ha sido enfático al seña-

---

13 Así, por ejemplo, ¿qué tiene que ver el mito del buen salvaje con Calibán, hijo de la bruja Sycorax y del demonio? Si Trínculo y Stefano lo llaman *fish* –con algunas variantes: *shallow, weak, scurvy, howling, abominable, ridiculous*, etc.–, ¿por qué habríamos de entender otra cosa si en 1600 *fish* significaba lo mismo que ahora? ¿De dónde extraer la metáfora del dominio colonial de las naciones poderosas a partir de un duque anímica e intelectualmente curioso, víctima del extrañamiento involuntario en una isla "encantada" que, sin embargo, no duda en volver a su ciudad cuando la ocasión se le presenta? ¿Y por qué Miranda no puede ser más que lo que es –ni menos–: una muchacha que jamás ha visto a un hombre excepto a su padre y al "engendro" ése, y naturalmente se deslumbra ante la esplendidez del nuevo mundo que conoce? En fin, estos y otros muchos ejemplos hay en tal sentido.

lar que, por ejemplo, "si los críticos modernos quieren denunciar el colonialismo, deben hacerlo por todos los medios; pero esta es la obra equivocada" (en Lindley, p. 39).

Es claro que, por casi infinitas razones, nadie está en condiciones de afirmar de manera categórica "esto es exactamente lo que Shakespeare quiso decir". Sin embargo, también es evidente que, con respecto al texto –con respecto a lo que nos quedara establecido en el Folio de 1623, con todas las peculiaridades y excepciones referidas más atrás– estamos en una posición hermenéutica por entero distinta a la que jamás pudo ocupar Shakespeare, su propio autor. Lo que a él le tomara un tiempo más o menos largo escribir para una fugaz representación en escena (tres horas y algo más), nosotros llevamos siglos estudiándolo, analizándolo e investigándolo: desarticulando casi con fruición las piezas de un órgano que alguna vez fue, simplemente, eso: una unidad. Tanto, que seguramente hoy sabemos mucho más de *La tempestad* de lo que Shakespeare jamás imaginó. Ni quiso, tampoco, imaginar...

Pensamos que, a efectos de la interpretación crítica de una obra de Shakespeare, "debemos trabajar con aquello que nos ha sido dado" (Wiggins, 1994, p. 214). Y aquello que nos ha sido dado, a pesar del tiempo y los cambios transcurridos, a pesar de todo lo que con rigor haya de ser considerado, contextualizado, comprendido y asimilado –época, lengua, geografía, costumbres, cultura, visión del mundo, fe, etc.; desde luego el escribano Crane y la acuciosidad mayor o menor de los cajistas B, C o F que trabajaron bajo las órdenes de Jaggard y Blount–, querámoslo o no, aquello es eso que está, de alguna misteriosa manera, en el Folio de 1623.

Así, y con plena conciencia de que todos –inevitablemente– cargamos de significado a un texto por la apropiación y comprensión que hacemos no solo de sus palabras sino también de sus ideas e imágenes, de sus sentidos y sentimientos, especialmente de sus proyecciones y consecuencias, quisiéramos proponer aquí una recepción de *La tempestad* fundada en lo que llamaríamos una "hermenéutica de la confianza": confianza en el único texto que nos ha quedado, en el sentido natural y obvio de las palabras con que está construido (supuesta, aquí, su razonable traslación al castellano), en las cuestiones permanentes sobre las que se apoya y en aquello que, con base en todo lo anterior, nos ha sido dado[14].

Como recuerda Northrop Frye, *tempestas* en latín significa tanto tiempo como tempestad; nociones que ciertamente son, cuando menos, *leit motiv* en la obra.

En cuanto a lo primero, el tiempo es en ella un elemento estructural y aun estético de especial relevancia. Ya el mismo desarrollo de *La tempestad*, como hemos insistido, ocupa en escena un tiempo real. Pero es un ahora que se ubica exactamente a medio camino entre un pasado que ya fue y un futuro que vendrá: ambos misteriosamente presentes, sin embargo, en la pieza. *La tempestad* es, así, un momento; un instante que, como el teatro mismo, irrumpe y se interpone en la línea del tiempo del espectador como una bisagra vital. Respecto a lo segundo, la tempestad que da inicio a la obra es causa eficiente de *La tempestad*; aunque, estrictamente, no de todos sus conflictos dramáticos (así, por ejemplo, la usurpación del ducado de Milán; el destierro de Próspero y Miranda; su llegada a la isla; las relaciones entre Próspero, Ariel y Calibán; los respectivos pasados de estos últimos personajes, etc.). Pero el provocado accidente climático, como el tiempo, funciona también como bisagra vital: para poner en movimiento lo que veremos, que tiene un antes ineludible y tendrá un después insoslayable: la situación de los habitantes de la isla, por una parte, que está en un presente totalmente afectado por el pasado; y, por otra, lo que acaecerá a todos después –náufragos incluidos– y que no está en la obra: así la recuperación de Próspero del ducado de Milán, la eventual suerte de Calibán allí, el matrimonio de Ferdinand y Miranda, o la vida de Ariel en los elementos…

Dijimos más atrás que *La tempestad* fue ubicada en primer lugar entre todas las obras de Shakespeare incluidas en el Folio de 1623, encabezando particularmente las comedias. Sin embargo, la crítica moderna conviene en considerarla de un género no descrito en tiempos del dramaturgo, el *romance*, junto a *Pericles*, *Cymbeline* y *The Winter's Tale*. Con esas obras comparte la característica de presentar una oposición entre las fuerzas des-

---

14   Aunque también podríamos llamarla una "hermenéutica del pragmatismo".

tructivas y las del orden, donde la magia y la brujería ocupan un lugar preeminente, atiborradas de ritual, pompa, música y danza. Sin embargo, lo que destaca por sobre todo es su impronta medio sobrenatural y onírica, numinosa en realidad. Lo que resulta muy consistente con la naturaleza "irruptiva" que tiene *La tempestad*. De manera más cautivante aun que la representación del asesinato de Gonzago en *Hamlet* –o la propia locura fingida del príncipe en cuanto representación– pensamos que *La tempestad* es teatro del teatro, teatro puro y en grado máximo. No solo *a-play-within-the-play* –como, de hecho, es la mascarada de 4.1– sino, definitivamente, *a-play-that-is-a-play*. Ilusión, quiebre, irrupción e interrupción, fugacidad. Y de ahí que los materiales con que trabaja –trabajó– el dramaturgo deban provenir de un caldero distinto: ni el de la historia de Inglaterra o la época greco-corromana, ni el de la naturaleza de lo humano en algún estado o condición. Algo de eso hay aquí, pero solo en cuanto resulta inevitable: el resto –todo lo demás– es magia; fantasía, exotismo, misterio, maravilla y luz. Sí, luz; como luz es el teatro entre la oscuridad que precede a la subida del telón y la que sigue a su caída...

Y es que "un sentido de novedad, de asombro, de fascinante descubrimiento [...] impregna la obra, trascendiendo su restringida geografía y lo sucinto de su acción" (Vaughans, p. 4). Luz acotada, constreñida, enmarcada; pero trascendente. Así la magia de Próspero; la isla "llena de ruidos" descrita por Calibán en 3.2.135-43; la galería de personajes (un rey, un príncipe, un mago, duques, nobles, marineros, un bufón, un copero borracho, un monstruo, espíritus, diosas, ninfas, una bruja y su dios); la música que atraviesa toda la obra; la mascarada de 4.1; el inenarrable cuadro de Ferdinand y Miranda jugando ajedrez en 5.1.172-75; las pérdidas, los hallazgos y los perdones; la isla misma, en fin, con toda su deliciosamente extraña flora y fauna.

Agreguemos a lo anterior –aunque quizá sea la otra cara de la misma moneda– que el genio teatral de Shakespeare se ha desplegado en *La tempestad* en su expresión más alta. Espectáculo puro, la obra marca un punto de inflexión por la novedad de su factura, el casi perfecto sistema de equivalencias (simetrías en motivos y situaciones dramáticas, grupos de personajes y conflictos, relaciones antagónicas, entradas y salidas, cierre de los actos, etc.), la gran cantidad e importancia de la música presente (única en Shakespeare), la *masque* de 4.1, los efectos teatrales y, en fin, las complejidades del aparato escénico que supone. Y, sobre todo y como veremos, por el uso que ha hecho del lenguaje. Además, las clásicas unidades de tiempo, acción y lugar se han recuperado cabalmente; en parte, pensamos, para que la irrupción-interrupción sea tal y contundente. El fuerte hiperrealismo de 1.1, que tanto contrasta con la atmósfera mágica y sutil del resto de la obra, en un ejemplo claro de ello.

Comenta A. D. Nuttall que, en *La tempestad*, parece como si "el suelo hubiese sido cortado bajo nuestros pies y se nos dejara con la sensación de una regresión en las ficciones" (Nuttall, p. 146). Aunque sus opiniones discurren en un contexto distinto al nuestro y con otros objetivos (el problema de la alegoría como forma literaria y sus consecuencias hermenéuticas; donde toma *La tempestad* como parte de su análisis), interesa agregar de sus ideas lo siguiente: "Respecto a la aprehensión de la isla y sus habitantes, Shakespeare mantiene a sus personajes permanentemente en estados primitivos de percepción. De esta manera, construye una suerte de deslumbrante multiplicidad de niveles que, unida a las operaciones gratuitas de lo sobrenatural, producen en la audiencia un estado de aprehensión primitiva similar al que tienen los personajes. Así, nos queda la impresión de que la isla, después de todo, pertenece por entero al inefable mundo de los sueños y las percepciones ambiguas" (Nuttall, p. 157).

Y es que, como dice Próspero:

> We are such stuff
> As dreams are made on, and our little life
> Is rounded with a sleep.
> (4.1.156-58)

Shakespeare, en *La tempestad* –aunque en todas sus obras– muestra; describe, actualiza, propone. Pero parece no tomar partido, ni elegir u optar. Tampoco empata; y aunque no le interesan las aporías, se place en abrir el estado de los asuntos, consciente de que el teatro es ante todo representación temporal. Y que la evaluación escapa a su fugacidad. Ahora bien, y con todo, es precisamente gracias a esta neutralidad –que preferimos llamar libertad– que Shakespeare se mueve y mueve tan a gusto en y entre todo aquello que representa.

Pero también porque *La tempestad*, al ser teatro puro o puro teatro –un sueño– se abre a ricas posibilidades hermenéuticas y, desde luego, a la más evidente aunque no por ello la menos compleja: que, simplemente, sea lo que es... Espectáculo puro, teatro, *show* en el preciso sentido, mímesis que utiliza seres vivos, tiempo y espacio, *divertimento* si se quiere, lo que no significa (¡es Shakespeare!) pura apclación a los sentidos o a las reacciones epidérmicas. Diríamos que la obra es *eso-que-está-ahí*... "Una ilusión de realidad y la realidad de una ilusión" (Frye, p. 182).

¿A qué, entonces, quebrarse la cabeza con Calibán? ¿Lo habrán hecho los *groundlings* en el Globe? No es más que un monstruo, un engendro entre el diablo y la bruja Sycorax, a las órdenes coyunturales de Próspero, que aprendió a hablar y maldecir, y avanzaba bastante bien en todo hasta que quiso violar a Miranda, la hija de su amo. Huele a pez, además, a merluza rancia. ¿Y qué más? ¿No es esto ya suficiente? Cuando nos transformamos en buscadores de quintaesencias tal vez perdemos precisamente la única que hay e importa en el teatro. ¿Y Ariel? ¿Por qué no habrá de bastarnos con que simplemente sea un espíritu del aire? No es poco, claro; pero igual desconfiamos. Tiene que haber algo más, no puede ser tan simple. ¿Y quién dijo que ser espíritu del aire era cosa simple? Parece no bastarnos lo escrito. ¿Y la isla encantada? Bueno (con perdón de los exégetas)... es una isla encantada.

Dentro de la pregunta sobre qué sea *La tempestad*, y a propósito de la idea del teatro puro –o, mejor, del puro teatro– una breve mención aparte merece la mascarada de 4.1; y que, como ya señalamos, es literalmente una obra dentro de la obra. La *masque* fue un drama musical de gran popularidad que alcanzó su esplendor bajo el reinado de Jacobo I, amante y protector del género. De origen italiano, en su forma inicial (c.1512) consistió en una fiesta o entretención en la que se bailaba utilizando máscaras. Los bailes debían representar una historia y utilizar personajes alegóricos ataviados con vestidos simbólicos. Más tarde se introdujeron canciones y la especie dramática se transformó en un espectáculo más parecido a una ópera, por su abundante música. Con el tiempo, la sofisticación de las piezas requirió escenografía; la que, por su elaborada factura, necesitó el trabajo de connotados arquitectos y aun algunos de la corte, como Inigo Jones (y obviamente el dinero de mecenas y patrocinadores, que muchas veces fueron los mismos monarcas). Debido a su alto costo de producción, las mascaradas no se introdujeron en los teatros o escenarios públicos, sino que se representaron en la corte como parte de su entretención privada: visitas a la casa real, ceremonias matrimoniales y festividades religiosas. A menudo también se representaron en Whitehall, una de las arterias principales de Londres, que en su extremo sur colinda con el Parlamento. El más alto representante y maestro del género en la época fue Ben Jonson, quien escribió más de 30 piezas. Shakespeare y los *King's Men* debieron ver mascaradas en Whitehall y, probablemente, representado algunas. De hecho, es la única compañía teatral mencionada en los roles asignados a profesionales en las ediciones impresas de mascaradas de Jonson, a partir de1612 (Orgel, p. 43 y n. 2).

La tradición sugiere que estas obras solían comenzar con una *anti-masque* o "preludio", breve pieza cómica en la que actores profesionales representaban personajes viles o de origen vulgar. Luego, ya en la mascarada misma, los cortesanos asumían los roles principales –encarnando, por cierto, virtudes– y bajaban del escenario al final para bailar con los invitados. Las características principales del género se pueden resumir en seis: generalmente los personajes son dioses de la mitología clásica, ninfas o personificaciones de virtudes y cualidades como el amor, la armonía, etc.; el número de personajes principales casi nunca excede de seis, además del coro o el conjunto de *maskers* (enmascarados); el ambiente o marco escénico se ubica en lugares ideales como el Olimpo, Arcadia o reinos de fantasía; su duración equivale casi siempre a la de una escena; su lenguaje es el de verso rimado; y suelen incluirse sofisticadas coreografías.

Aunque la mascarada en *La tempestad* es una representación o alusión dramática al género, y no una mascarada propiamente tal, sí posee sus rasgos principales: los personajes Iris, Ceres y Juno provienen de la mitología, las ninfas y los segadores forman el coro de los *maskers* y cantan en rima. Sin embargo, a diferencia de la estructura de las tradicionales, la mascarada de Próspero invierte el orden establecido: en vez de comenzar con una *anti-masque* de figuras grotescas y terminar en armonía, esta obra-dentro-de-la-obra (*a play-within-the-play*, como ya dijimos) comienza exaltando las virtudes de la castidad y la fidelidad matrimoniales, para concluir con el recuerdo de la conspiración de Calibán.

Mucho se ha discutido con respecto a su inclusión en *La tempestad*. Algunos editores, como Dover Wilson e Irwin Smith, estiman que Shakespeare lo habría hecho para adecuar la obra a los festejos por el matrimonio de la princesa Isabel con el príncipe Federico, como se anotó más atrás. Otros, como Stephen Orgel, consideran esta posibilidad mera especulación; pues supondría aceptar que el texto del Folio es una revisión para su representación en 1613 en la corte, hecho del cual no existe evidencia alguna y más bien todo lo contrario: si hubo alguna revisión textual, esta fue para reducir el número de bailarines y no precisamente para transformar la obra en un espectáculo *ad hoc* a las mencionadas celebraciones (Orgel, p. 44, n. 1).

La mascarada de Próspero se representa en *La tempestad* con ocasión de los esponsales de Ferdinand y Miranda. Si bien Shakespeare pudo haber tomado elementos de *Hymenaei* (1606) de Jonson –compuesta para el matrimonio del conde de Essex y lady Francis Howard–, donde se exaltan los goces del lecho nupcial, Próspero en cambio insiste en la continencia ("A tus flirteos amorosos / No des tanta rienda...", 4.1.51-52) y se muestra más bien preocupado por la castidad de su hija y la legitimidad de su descendencia. Ceres se hace eco de este tema al hablar del orden de los procesos naturales. La armonía que se da en la unión cósmica de los elementos de la naturaleza (aire, fuego, agua y tierra), encarnada por los personajes mitológicos Juno, Venus, Iris y Ceres respectivamente, podría romperse si se viera amenazada por la falta de castidad de los novios. En fin, las canciones aluden a las diferentes estaciones del año para terminar en el clima templado y la fecundidad de la primavera, asociando el frío y el calor a la mayor o menor sensualidad en la unión entre el hombre y la mujer. Por este motivo Venus –diosa del amor sensual– y su hijo Cupido, son desterrados del mundo de Próspero[15]. Volveremos sobre esto más adelante. Pero consignemos por ahora que, dispu-

---

15 Véase, a todo este respecto, Lindley, pp. 13-18; Orgel, pp. 43-47; Vaughans, pp. 67-73; y Verity, pp. 145-48.

tas aparte, no es posible comprender cabalmente *La tempestad* sin atender a su *masque*.

Ahora bien, que pensemos *La tempestad* como teatro puro no significa pretender el fin de la cuestión. La obra presenta varios conflictos dramáticos de gran riqueza y complejos dilemas hermenéuticos. En verdad, la pieza está cargada de problemas; y no por otra razón es que ha dado pie a tantas posiciones interpretativas, en escena y por escrito. Fatigoso sería repetir aquí, una vez más, su larga historia y características. Sin embargo, procurando ser consecuentes con nuestra hermenéutica de la confianza (en el texto que nos quedó), diremos algunas cosas. No queremos ser exhaustivos de intento pues, precisamente, nuestra declaración de principios ha sido la ilusión del teatro y el teatro como ilusión; y ello admite tantas posibilidades como lectores o espectadores. Aparte que no nos parece legítimo condicionar lecturas o recepciones.

De la tempestad como fenómeno y *leit motiv* de la obra, ya comentamos algo. También de lo fugaz e irredimible del tiempo, como diría Eliot; aunque no exactamente en su mismo sentido... Nos restan ahora la magia, los elementos, la felonía y el perdón. Y, como eje, Próspero; quien nos parece la pieza clave en todo esto.

Próspero es un mago. Más bien un hechicero, fruto y protagonista de esa rama de las ciencias ocultas (¿liberales?) que tiene que ver con el dominio de la naturaleza. Estrictamente hablando, lo suyo no es el artificio ni el maleficio (digamos, no es Gandalf ni Merlín) sino el poder sobre los elementos. Lo creado, ya en su manifestación visible como en esa invisible... Por su arte perdió el ducado de Milán y terminó desterrado en una isla con su pequeña hija. Pero gracias a ese mismo arte logrará sobrevivir, gobernar, constelar a los astros y recuperar finalmente con creces lo perdido. Así, Próspero configura la acción y por ende la escena. Víctima alguna vez y ahora sobre todo victimario, el don que ha encontrado o adquirido nunca es del todo suyo: principal resorte de la máquina, nunca es la máquina misma ni se confunde con ella. Hace que todo se ponga en movimiento y mueve los hilos de cada cosa. Actúa y dirige, todo a un tiempo, al punto de lamentarse cuando ya no hay nada más que seguir representando. Y es que el teatro isabelino en general, y el de Shakespeare en particular, tiene como punto de partida la metáfora de Jaques en *As You Like It*: "All the world's a stage" ("Todo el mundo es un escenario", 2.7.140). Desde esta perspectiva, la corriente que ha querido ver en Próspero un émulo de Shakespeare –y, en *La tempestad*, una gran metáfora del adiós del dramaturgo a su arte–, no estaría del todo fuera de lugar... Es decir, sería una gran tentación y en un preciso sentido: que en esta obra "Próspero es un actor-director" (Frye, p. 173).

La liberación final de Ariel es a los elementos. Espíritu del aire, a ellos pertenece y Próspero le deja volver. Calibán es de la tierra –nos sumamos a la tradición y al tenor literal de la obra: "¡Tú, pedazo de tierra, habla!" (1.2.315). Como de ella, del aire, del fuego y del agua serán quienes intervengan en la mascarada de 4.1, especie de símbolo de todo este rasgo en la pieza. Pero no debe confundírseles con arquetipos –en Shakespeare no los hay–, sino como sus representantes. Como representantes de los elementos de la naturaleza, sobre los cuales la magia de Próspero actúa. Ya observamos que *La tempestad* comparte la esencia numinosa de todo *romance*; y, en tal sentido, las figuras de Ariel, Calibán, ninfas, diosas y segadores son parte de su nomenclatura. Teóricamente, Sycorax se asemeja a Próspero pues representa el mismo poder; aunque, como todo medio, otra cosa es cómo y para qué se le utilice... La isla misma es una *summa* de esos elementos y el lugar donde Próspero ejerce dicho poder. No lo ha hecho antes en Milán, ni lo hará después cuando regrese. El arte de Próspero y la naturaleza de la isla parecen lograr una singular simbiosis. La magia juega con los elementos que hay en ella y en su entorno, los transforma. Existe gracias a ellos, en ellos. Pero una vez ocurrido el divorcio, ya no habrá "espíritus que gobernar ni arte para encantar" (Epílogo, 14).

Y aunque Próspero controla los elementos (y las "sutilezas de la isla"), no hace lo mismo con las voluntades. Su arte se estrella aquí como contra un muro. Antonio le usurpa el ducado, se confabula con Alonso y le destierran. En la isla a la que llega educa a la bestia Calibán, sin conseguir torcer su endiablada naturaleza, y el engendro intenta violar a Miranda. Y así como conspiraron contra él en el mundo "real" de Milán, Stefano, Trínculo y el monstruo intentarán hacerlo otra vez en el "imaginario" de la isla. A primera vista, la felonía que rodea la obra es aquel espejo puesto ante la naturaleza para mostrar a la virtud sus rasgos y a lo despreciable su propia imagen[16]. Sin embargo, todos están ahora en una isla misteriosa, a merced de sus elementos. Y sobre todo de su clima… Antiguamente se creía que la naturaleza influía en el temperamento humano; si se era más colérico, flemático, melancólico o sanguíneo. En este sentido, la isla también parece lograr una singular simbiosis con aquellos personajes que llegaron a ella desde el susodicho mundo real; que no le pertenecen ni la han habitado el tiempo suficiente como para recibir su influjo sin más: Alonso, Antonio, Sebastián, Gonzalo, Ferdinand, Stefano y Tríncuo, por nombrar a los principales. Pero en realidad influirá en todos, incluidos Adrián, el Capitán y el Contramaestre. Dados los antecedentes que la propia obra nos entrega, pareciera que el accidente geográfico exacerbara la natural condición de estos personajes, dejándolos… al descubierto. Ejemplo sobresaliente de ello es el parlamento de Gonzalo en 2.1, sobre su república ideal. Sobre esta desnudez actúa el poder de Próspero, aunque sin lograr intervenirla: más bien es algo con lo que cuenta, cual dato de un problema. Incluso con el hechizo que hace a sus sentidos en 5.1; que, aunque los paraliza, no los muda… Como si fuesen personajes de una gran función que él mismo dirige, sabe disponer las cosas de tal modo que encajen, funcionen y logren configurar lo que él pretende sea configurado. Quizá haya aquí una hebra que permita escudriñar con menos sombras el raro símbolo de Miranda y Ferdinand descubiertos (en la gruta de Próspero) jugando al ajedrez en 5.1.

Y así como la mascarada es una "cierta ilusión de mi magia" (4.1.40) que Próspero debe "ofrecer a los ojos de esta joven pareja" (4.1.39), así también *La tempestad* sugiere una gran representación que el actor-director despliega ante los nuestros. Una vez más, teatro en el teatro. Teatro que es teatro. Pero, cuidado, no un teatro de títeres, sino de actores: de personajes. Digamos que Próspero ha recibido un reparto, un *dramatis personae* predefinido, que él dispone a sus objetivos gracias y a través de los elementos.

Finalmente, "el acento en el arrepentimiento, el perdón, la reconciliación y la regeneración es manifiesto a lo largo de toda *La*

---

16 *Hamlet*, 3.2.22.

tempestad"(Orgel, p. 13). Finalmente, el perdón: el acto de perdonar y olvidar las ofensas. ¿Por qué Próspero perdona? ¿Por qué ha hecho todo lo que ha hecho, simplemente para perdonar al final? ¿Por qué ha movido a los elementos, desatado las furias, "enfurecido los mares y las costas –sí, todo lo creado–" (3.3.74) y hecho sobrevenir el caos? ¿Solo para perdonar? Puede que una clave para comprender este problema –no la única– esté en Miranda. Próspero ha hecho todo por su hija, todo... "No he hecho más que cuidarte / A ti, mi amada hija, a ti..." (1.2.16-17). Y más tarde dirá a Ferdinand: "Ya verás cómo supera todas las alabanzas / Y las deja marchitas detrás de sí" (4.1.10-11).

Tenemos muy presente que la relación entre Próspero y Miranda se ha analizado desde muchas y muy diversas perspectivas, cuando menos equivalentes a las que se han llevado a cabo respecto de la obra como un todo. Para comprender qué hay detrás del vínculo entre el padre y la hija, y especialmente los motivos que mueven a aquél, se ha argumentado con razones que van desde el desprecio intelectual hasta el terror al incesto, pasando por aproximaciones psicologistas, patriarcales, de la problemática del dominio y la represión, del poder y el discurso, en fin. Nosotros quisiéramos re-proponer una mirada más básica si se quiere, aunque no por ello menos pertinente al texto; y, desde luego, de al menos análoga complejidad dramática que otras.

Pensamos que el gran móvil de Próspero es Miranda. Hace todo lo que hace por ella, y finalmente perdona también por ella. Es claro que Miranda no fue la causa de que él se enfrascara en sus oscuros estudios; pero una vez puesto en situación de destierro y oprobio, una vez que aquel "accidente de lo más extraño" (1.2.178) dispuso a sus enemigos en las costas de la isla, el ojo de su magia cambió de eje y concentró todos los esfuerzos en el destino de Miranda. Su salvación, su regreso a Milán, su felicidad venidera y su cuidado serán entonces literalmente la niña de sus ojos. No quisiéramos entrar aquí en la discusión acerca de la "intención" con que lo hace (buena parte de los análisis mencionados tienen que ver, de hecho, con esto). Bástenos para nuestro propósito insistir en que el fin último de todos y cada uno de los movimientos del actor-director están dirigidos a Miranda. Por ella y para ella. Pues ya en Milán, dirá, "de / Cada tres pensamientos, uno será mi tumba" (5.1.311-12).

Aunque se ha observado con razón que Próspero, paradojalmente, no haría más que mantener o reincidir en el estado actual de los asuntos al casar a Miranda con el hijo del rey de Nápoles (pues, una vez que el mago muera, la situación del ducado de Milán será básicamente la misma que tras la usurpación), hay al menos dos aspectos que se pasan por alto. Por una parte, que lo resuelto es un modo cabal de alejar a Antonio de toda pretensión sobre el ducado. En efecto, Antonio es el principal enemigo y la principal amenaza; no solo de Próspero en el pasado, sino especialmente de Miranda en el futuro. En esa gran escena del perdón y la reconciliación que es 5.1, Antonio tiene una sola intervención, a propósito de lo eventualmente comerciable que podría ser Calibán... Ya desde 2.1 sabemos que el hermano del Duque no tiene conciencia. O, al menos, no una que lo perturbe. Así, Antonio es el único personaje que no parece redimirse en *La tempestad*. Y así, entonces, hasta podría llegar a sostenerse que el matrimonio de Miranda con Ferdinand es "tanto un medio de conservar la autoridad de Próspero como de renunciar a ella" (Orgel, p. 55). Pero, y por otra parte, se olvida que Alonso ya no es el mismo que Próspero pretendiera en su relación inicial: un "enemigo inveterado" (1.2.121-22). Alonso ha gustado los beneficios del perdón e, incluso, se ha arrepentido. La experiencia subjetiva de perder a sus dos hijos –Claribel y Ferdinand– ha sido extrema para su corazón de padre y, aun, de gobernante. Una especie de purificación, además; de expiación, como la de todo aquel que pasa por el agua... La "pasmosa admiración" experimentada en 3.3 ("bajo resonó mi delito"), es una prueba elocuente de ello. Alonso ha visto su propia culpa, como Claudio en *Hamlet* y Gloucester en *Ricardo III*... La ha sopesado y medido.... Y se ha arrepentido, sinceramente. No tanto por el perdón de Próspero, sino por haberse visto a sí mismo, por haber contemplado su dolor. El mismo Gonzalo lo confirma, líneas más adelante, cuando dice que su gran culpa es como un veneno que hace efecto mucho tiempo después... (3.3.105-06). Finalmente además, y como dijimos, expuestos al clima de la isla los personajes que vienen de fuera exhiben su natural condición al desnudo, sin apariencias ni (auto) engaños.

Con todo, pensamos que la dirección escénica que hace Próspero –sincera desde luego– para salvaguardar el futuro de Miranda, y cuya corona final es el gran acto de perdón de 5.1, resulta ser la última y más alta hechicería del usurpado Duque. Pues perdonar es, en *La tempestad*, una especie de magia. Por lo inesperado y quizá absurdo, lo abrupto y lo gratuito, lo conmovedor. Es un acto poderoso y que encandila, tan maravillosamente gratuito como gratuitamente maravilloso. Para nosotros, claro, perdonar puede que sea un acto divino; pero es mágico para Próspero. Es el "punto máximo" de su arte (5.1.1), la culminación. Su clímax.

Y es por este notable hecho que, aunque dijimos que *La tempestad* como teatro puro, pura ilusión, resulta ser siempre un ahora, misteriosamente trasciende sus propios límites: "Próspero ofrece un epílogo que es en cierto sentido único en la creación dramática de Shakespeare. No se considera a sí mismo un actor en una obra, sino el personaje de una ficción; y, en lugar de salirse del personaje, amplía la ficción más allá de los límites del drama. Afirma que sus encantamientos 'se han desvanecido'; pero aún es capaz de infundir sus poderes mágicos en la audiencia. Los hechizos ahora son nuestros; nos hemos transformado en el elemento facilitador de la ficción. No es el aliento de Ariel sino el nuestro el que debe enviar de vuelta su barco a Italia; y somos nosotros quienes debemos perdonarle sus faltas como un poder de lo alto nos perdona a nosotros. Somos, nos dice, su amo; pero también su sirviente. Un sentido como de asunto inconcluso es, finalmente, la vida de la obra. La historia de Próspero es una historia para la que Shakespeare no dispuso un final" (Orgel, pp. 55-56).

Y esta, por qué no, quizá sea la del perdón.

4. El estilo de Shakespeare

"La magia de la obra radica en Próspero, en la poesía como en el arte; y aunque la prosa de *La tempestad* sin duda contribuye al todo, va quedando más y más relegada a su posición inferior a medida que la poesía se alza sobre ella" (Vickers, 2005, p. 428).

Shakespeare escribió muy pocos pasajes de *La tempestad* en prosa. Y, en cambio, la gran mayoría –casi todo en realidad– en *blank verse* (verso blanco); un modo de versificar sin rima que emplea el pentámetro yámbico y que consiste, básicamente, en líneas de cinco pies de dos sílabas, una no acentuada y otra acentuada. Un solo aspecto diferenciador de relevancia, para no entrar en detalles técnicos que podrían resultar fastidiosos: en castellano, el sonido o núcleo fónico de la sílaba suele coincidir con la estructura del signo, aparte la singularidad del diptongo: *ca-ra-me-lo*; *ár-bol*; *fui*; *ai-re*; etc. En inglés, por el contrario, la sílaba es solo sonido: *come*; *pro-nounce*; *be-fore*. Lo que por cierto puede verse alterado, además, con el uso de elisiones y palabras compuestas. En *La tempestad*, para el primer caso y por ejemplo, *It-is-time* por *'Tis time –'Tis-time–*; o *the-e-vent* por *th'event –th'e-vent–*. Para el segundo, y también por ejemplo, *This hag of blue eyes* por *This blue-eyed hag...*

En fin, lo que nos importa se tenga en cuenta es que el verso blanco resulta primordialmente funcional a la armonía fonética (musical) de las palabras, y no a su consonancia silábica; a la acentuación y no a la cantidad o duración según lo entendemos y apreciamos normalmente en castellano a través de los sistemas métricos tradicionales: endecasílabo, alejandrino, dodecasílabo y variantes[17]. En el verso blanco, lo que prima y lo que vale, ante todo, es el sonido de las palabras, cómo suenan y cómo se oyen; su cadencia y el ritmo natural que resulta de lograr determinadas combinaciones con ellas –incluso a través de repeticiones–, que adquieren así un protagonismo total, ideal para el teatro.

Originalmente –en sus primeras obras–, Shakespeare practicó el modo tradicional de componer en verso blanco y que podría resumirse con la frase "una línea, un sentido". Sin embargo, con el tiempo fue dando pasos revolucionarios hasta romper totalmente con esa lógica, como en *La tempestad*: el sentido de los versos podía desbordar los límites de una línea, podía "arrastrarse" (*over-flow*) a través y entre ellas, encabalgarse (*enjambment*) e incluso continuar en las de otro personaje. Así, además, el verso blanco lograba oírse en escena como se oía el inglés común que hablaba la gente... Todo esto le dio una libertad poética única, unas posibilidades casi sin fronteras; y que le permitieron, de paso, transformar a las palabras en una poderosa herramienta de personificación.

---

17 Ciertamente hay otras diferencias, pero no viene al caso referirlas aquí.

En efecto, gracias a lo anterior el dramaturgo pudo hacer del lenguaje un elemento central para caracterizar sus personajes. Tanto, que "debemos aproximarnos a las palabras no como entidades abstractas, sino como la expresión de actitudes propias de personajes diferentes en situaciones dramáticas igualmente diferentes" (Vickers, 2005, p. 3). En la mascarada, las diosas y ninfas cantan en verso rimado. Próspero y Miranda hablan siempre en verso, y Calibán casi siempre... Mas no así Stefano y Trínculo, que jamás lo hacen. Y esta diferencia resulta fundamental para lo que representan en la obra, para su función dramática, y lo que en definitiva son como personajes. Más aun, que Calibán forme parte del trío cómico junto al copero y al bufón, pero que hable en verso con ellos, es un modo muy notable de exacerbar su propio patetismo y desde luego el de esas escenas (ejemplo superlativo nos parece 3.2). Así, el estilo o modo de hablar trasciende las meras preceptivas del, por ejemplo, decoro dramático en el teatro nacional español y se constituye más bien en un rasgo de identidad. "Debemos tomar dos factores en cuenta: la naturaleza de cada uno de los personajes y el tono específico del contexto" (Vickers, 2005, p. 9). Y esto, claro está, fue percibido por la audiencia de forma neta, total. Y es que el intento de Shakespeare es deliberado y a él se ordena. Y, en *La tempestad*, en grado máximo.

Otro tanto puede apreciarse en el hecho de que un mismo personaje –en una misma escena– pase de verso a prosa, y viceversa; dando cuenta de estados de ánimo, inflexiones de carácter, pasiones o motivaciones singulares. Así, por ejemplo, el Contramaestre en 1.1 con relación a 5.1; Gonzalo y Antonio en 2.1; Sebastián y Antonio en la misma escena; Calibán en 2.2, 3.2 y 4.1. Y es que parte del genio de Shakespeare consistió, precisamente, en su capacidad de moverse "entre la prosa y el verso según el efecto dramático; fluidez imposible de encasillar en categoría alguna, y que a lo largo de su carrera, tras cierta vacilación inicial, utiliza con tal destreza que parece un acto deliberado de arte" (Vickers, 2005, p. 15).

La "isla está llena de ruidos / Sonidos y brisas dulces" (dice Calibán en 3.2.135-36). Y los primeros y principales son los que regalan los propios personajes que participan en la acción, a través de sus palabras: a través de las palabras que Shakespeare ha puesto en sus labios. En cierto modo, es la obra –mucho antes que la isla– quien deleita por su música natural. En *La tempes-tad*, Shakespeare no solo se ha gozado en el rico campo semántico de las palabras utilizadas, sino en su sonido. No solo en lo que significan, sino en cómo suenan; cómo se escuchan, como se combinan unas con otras para retumbar cual acordes en escena y volar hacia los oídos de los espectadores. La obra está llena de ejemplos, y es quizá el único hecho que nos hace lamentar que nuestra edición no sea bilingüe...

> No harm!
> I have done nothing but in care of thee,
> Of thee, my dear one, thee my daughter, who
> Art ignorant of what thou art, naught knowing
> Of whence I am, nor that I am more better
> Than Prospero, master of a full poor cell,
> And thy no greater father.
> (1.2.15-21)

También cabría agregar, en este sentido, el a veces inesperado cambio del *usted* al *tú* (*you* por *thou*), en un mismo parlamento. Y las innumerables repeticiones y hasta las cacofonías. Los *puns* o juegos de palabras –cuya riqueza tampoco se circunscribe al significado– que asimismo trascienden al sonido. O la eliminación de artículos y sujetos. En fin... Insistimos, el público de la época reparaba en ello, se daba cuenta y vibraba. Y el actual también logra hacerlo cuando al dramaturgo se lo representa según las versiones originales conservadas y, claro está, en su propia lengua.

Por último, y si de velocidades se trata, no ha de pensarse erradamente que el verso blanco sea una demora. Muy por el contrario: como quedó sugerido ya más arriba, Shakespeare fue un maestro del *enjambment*; y *La tempestad*, pese a sus horas de duración, avanza a un ritmo vertiginoso (como avanza *Hamlet*, por lo demás –su obra más larga– gracias a este mismo talento escritural... poético).

Nos hemos detenido un tanto en estos aspectos simplemente para enfatizar que el genio de Shakespeare –contra lo que ordinariamente se entiende y aprecia en nuestra lengua, cultura y países– está lejos de sostenerse solo en una cabal comprensión y, por ende, representación de la naturaleza humana. Shakespeare, además y sobre todo, fue un poeta eximio, un maestro en la fabricación de la palabra, en el aprovechamiento de sus medios y en las posibilidades de la construcción verbal. Y lo fue (¡oh, radical y hasta aplastante evidencia de lo obvio!) pues antes que nada se hizo un maestro de la dramaturgia, un hombre de teatro. Un teatro que, ayer como hoy, se vale de los fugaces elementos que tiene a mano pero que sin embargo puede potencialmente transformar en materia eterna: la imagen y el sonido, lo que se ve y lo que se oye. Una unidad precisa y sorprendente, como una ola que solo puede explicar su ser y su existencia entre el instante previo a configurarse y el postrero en que desaparece.

Pues así también es el teatro.

5. La presente traducción

Como venimos diciendo, el genio de Shakespeare se plasmó en una unidad cabal entre métrica y tema, versificación y fábula. Tanto, que no solo es imposible separar ambas dimensiones sin echarlo todo a perder –la poesía es una misteriosa aunque indivisible unidad de forma y materia–, sino que quienes cultivamos otra lengua debemos rendirnos al hecho absoluto de que la obra de Shakespeare es lo que él escribió, tal y cómo lo hizo. Esto también se aplica a cualquier intento por modernizar o actualizar el inglés que utilizara y el modo en que lo hiciera. Si en sentido estricto toda traducción es imposible, con Shakespeare ello se da en grado superlativo.

Respecto a la versificación, considerando la naturaleza y características del *blank verse* ya anotadas, y el talento de Shakespeare para con él, no es posible reproducirlo al castellano. Queda la alternativa –seguida en otras traducciones– de ponerlo en prosa o trasladarlo a algún sistema métrico más o menos equivalente en castellano, salvando así la dimensión formal o puramente poética de la unidad mencionada. Pero esta alternativa presenta a su vez serios problemas: la estructura que se escoja pone en riesgo permanente el sentido de los versos, en muchos casos obliga a mutilar lo que está dicho o a agregar lo que no está, y suele rigidizar el texto debilitando la vitalidad y fluidez de su puesta en escena.

Nosotros optamos por un camino que podría calificarse de intermedio. Mantuvimos las líneas y cortes originales de los pasajes en prosa y en verso, aunque sin verter estos últimos a ningún sistema métrico castellano. Incluso, y como se verá, ello nos hizo posible conservar el *over-flow* shakespereano en la construcción de las líneas y su consiguiente numeración; aunque, como queda dicho, no por razones métricas sino por fidelidad al texto. Centramos nuestros esfuerzos en atenernos al sentido estricto de esas líneas, su sintaxis (aspecto particularmente complejo), y en adaptar las pausas y cadencia resultantes de la puntuación original a las posibilidades que brinda la puntuación castellana. Ello nos permitió, junto a un cierto lirismo que procuramos de todos modos configurarle a los pasajes en verso, mantener razonablemente las diferencias e inflexiones que Shakespeare quiso dar a las intervenciones de sus personajes. Pues recuérdese que tampoco el dramaturgo tuvo a este respecto puras consideraciones de decoro dramático: las diferencias de habla entre aquellos debían captarse en escena fácilmente por el público, precisamente como un elemento central de su construcción como tales. Como dijimos en el punto anterior, que Próspero, Miranda y Calibán hablen en verso, por ejemplo, no es solo un problema formal sino un elemento central de lo que son y hacen en escena.

El criterio indicado lo aplicamos también a las canciones; en las que privilegiamos el sentido literal por sobre el efecto musical (valga la redundancia) de su prosodia y rima. Esto, sin embargo, es una pérdida neta; pero hemos reproducido sus versiones originales en las notas para aminorar en algo el impacto, que nosotros también compartimos.

Así, y con todo, la lectura de nuestra traducción –como su representación en escena– deberá seguir el ritmo que marca la puntuación y no el de los cortes de las líneas (cuya concordancia, como ya se habrá advertido, es más bien de orden filológico y de ayuda al trabajo académico).

Siempre que fue posible reprodujimos la intencional repetición de palabras e incluso algunas cacofonías del texto original, así como el uso de ciertos giros y tiempos verbales, la vitalidad de las elisiones y determinadas contracciones que era posible construir en nuestra lengua sin rigidizar su prosodia. Por cierto, no lo fue en el caso de la omisión de artículos y de las palabras compuestas. Insistimos aquí que poner a Shakespeare en castellano nos parece una empresa del todo irrealizable... Mas en lo particular, criterios análogos seguimos con respecto a las preposiciones, uso de guiones y paréntesis, que mantuvimos casi en su mayoría.

Fuimos estrictamente respetuosos en mantener la voz formal *you* y la informal *thou* del isabelino, incluso en aquellos parlamentos en que Shakespeare pasa indistintamente de una a otra; aunque las vertimos al uso corriente hoy en casi toda Hispanoamérica: *usted* y *tú*, respectivamente. Somos conscientes de que en muchos lugares nos habría facilitado las cosas recurrir al uso del *vos*, pero optamos por actualizar los pronombres personales teniendo en mente al lector y espectador común del continente.

Para la traducción de los nombres de los personajes seguimos cierta convención literaria en nuestra cultura, aunque nos apartamos de ella con "Stefano" y "Ferdinand", simplemente por gusto personal[18]. En el caso del primero, deberá seguirse la pronunciación del nombre como en italiano: "Stéfano".

En las acotaciones o *stage directions* seguimos fielmente el texto fijado por los Vaughan, habida consideración del ingente desarrollo de las mismas en toda la historia editorial de *La tempestad* (que merecería un tratamiento independiente)[19].

La edición incorpora la división de actos, escenas y numeración de líneas de acuerdo a los estándares académicos actualmente en uso. Mantuvimos las mayúsculas al inicio de cada verso para ser fieles al original y distinguirlos de la prosa. En fin, con las notas al texto hemos procurado aclarar ciertos pasajes oscuros, pronunciarnos sobre el sentido de palabras y giros discutidos o en desuso, advertir sobre *puns* o juegos de palabras que no siempre fue posible reproducir, actualizar algunos debates y dar noticia de cuestiones que no necesariamente interpelan al lector común ni le son, por lo demás, evidentes (otros detalles al respecto ver "Notas a la traducción").

Para terminar, podríamos decir que nuestra traducción quiere ser un aporte al trabajo académico en naciones de habla no inglesa, funcional a un tiempo al lector no especializado, mas

---

18 En vez de "Esteban" o "Estéfano" y "Ferdinando" o "Fernando".
19 Y que en parte lo ha tenido: John Jowett, "New Created Creatures: Ralph Crane and the Stage Directions in *The Tempest*", *Shakespeare Survey* 36, pp. 107-20.

principalmente inspirada en el deseo de recuperar a Shakespeare para el teatro de nuestros países; anhelo que solo se verá satisfecho en el tiempo y gracias al empeño de los siempre "pocos, felices pocos" (*Henry V*, 4.3.60).

6. Texto utilizado y metodología de traducción

Para nuestra traducción utilizamos el texto editado por Virginia Mason Vaughan y Alden T. Vaughan (The Arden Shakespeare, 2006). Seguimos también su repertorio filológico y notas explicativas. Para variantes léxicas y complementos en diversas discusiones lingüísticas, teatrales e históricas, usamos las ediciones de Stephen Orgel (Oxford, 2008) y David Lindley (Cambridge, 2002); ésta última de especial interés dado su carácter performativo, como ya indicamos. Asimismo, nos fue de mucha utilidad trabajar con las ya clásicas ediciones de J.R. Sutherland (Oxford, 1939/1958) y A.W. Verity (Cambridge, 1954), que en no pocas ocasiones nos dieron luces de importancia.

Para cotejar cómo resolvieron determinados pasajes u optaron frente a dilemas complejos –y pese a las diferencias en la forma de traducir–, tuvimos a la vista las versiones castellanas de Luis Astrana Marín (Aguilar, 1951), José María Valverde (Planeta, 1968), Ángel-Luis Pujante (Espasa Calpe, 1999), el Instituto Shakespeare (Cátedra, 2005) y Pablo Ingberg (Losada, 2005). Creemos que traducir no es solo un proceso lingüístico sino también literario e intelectual, en el que participan muchos agentes del entorno y la cultura. Por ello, nunca es un proceso enteramente aislado; y quien traduce, transforma y se transforma. Con Astrana Marín, "una traducción es un estado de alma. No es posible traducir sin identificarse". En este sentido, nos sentimos parte de un esfuerzo que trasciende con mucho el trabajo individual.

Dejamos constancia aquí de nuestra metodología de traducción; que, muy lejos de constituir un modelo complejo o sofisticado, por su sencillez tuvo la virtud de ayudarnos a lograr un objetivo. Y que, por ello, pensamos que puede ser útil a iniciativas similares. Ella consistió, básicamente, en cinco etapas o pasos: un largo y profundo estudio de la obra; largas sesiones de discusión para fijar una interpretación común (la comprensión más acabada posible de cada personaje, sus relaciones y conflictos dramáticos, previo a la traducción, nos pareció crucial para que ella fluyera); traducción directa sobre el texto adoptado, en un mismo documento bilingüe, línea a línea; decenas de lecturas y revisiones de lo traducido; y, no menos importante, lectura en voz alta de la versión final, verdadera prueba de fuego al trabajo realizado.

Notas a la traducción

Como indicamos en la "Introducción", las notas que acompañan la presente traducción se elaboraron a partir del repertorio filológico y los comentarios en la edición académica que utilizamos de *La tempestad*: Arden (Third Series). Para variantes léxicas y complementos en discusiones lingüísticas, teatrales e históricas, trabajamos además con las ediciones de The New Cambridge Shakespeare y The Oxford Shakespeare. Referencias a ellas se hacen a sus editores por separado: Virginia Mason Vaughan y Alden T. Vaughan, David Lindley y Stephen Orgel, respectivamente; consignando su apellido seguido del número de la o las líneas del texto a que aludimos (por ejemplo: Orgel, 102). No citamos las obras por su editorial (Arden, Cambridge, Oxford), pues esta nomenclatura se suele reservar para las obras completas de Shakespeare (*The Complete Works*).

Seguimos el mismo criterio cuando consultamos la edición de A.W. Verity y las traducciones al castellano.

Al referir otra fuente contenida en la bibliografía se indica, en cambio, apellido del autor y número de página o nota (por ejemplo: Dessen, p. 42; Ingberg, n. 94).

En los diccionarios, abreviamos sus títulos como se indica más abajo. Sin embargo, en el caso de *The Oxford Companion to Classical Literature*, de Paul Harvey, y *The Concise Oxford Dictionary of English Literature*, de John Mulgan, procedimos de acuerdo al criterio indicado en el párrafo anterior.

Advertencia sobre el uso de pronombres

A diferencia del inglés moderno, que utiliza cuatro pronombres para referir la segunda persona del singular o plural en sus diferentes casos –*you, your, yourself* y *yours*–, el inglés de los siglos XVI y XVII tenía diez pronombres para el mismo fin: *thou, thee, thy, thyself, thine, ye, you, your, yourself* y *yours*. Las reglas que regían su uso por escrito no eran solo gramaticales, sino principalmente culturales; es decir, además de tener en cuenta la sintaxis, su aplicación variaba de acuerdo a la posición social y rango del hablante. Así, *you* (*usted*, en singular y plural) identificaba a personajes de la nobleza, la clase alta o de buena educación y también relaciones de parentesco; mientras que *thou* (*tú*, singular y plural de la forma coloquial) a miembros de clases menos acomodadas, especialmente cuando hablaban entre sí. Según la convención de la época, generalmente el primer grupo habla en verso y el segundo en prosa.

Además del problema para distinguir el singular y el plural de *you* (*usted* o *ustedes*) en inglés –posible de deducir solo en su contexto–, Shakespeare solía hacer caso omiso de las reglas gramaticales y usaba ambas formas indistintamente. A este rasgo de su estilo se agrega, como indicamos en la "Introducción", la transición errática de *you* y *thou* para un personaje dentro del mismo parlamento e incluso en la misma línea.

Para contribuir a una mejor comprensión de esta última característica del estilo shakespereano, hemos marcado con un asterisco (*) los pasajes en que se da dicha situación.

Numeración de líneas

Seguimos la numeración de líneas o versos según la edición de Arden. Con todo, deben tenerse en cuenta los encabalgamientos que hace Shakespeare entre uno y otro personaje, y los cortes obligados por las dimensiones de la caja de composición (indicados con barra oblicua /).

Abreviaturas utilizadas en las notas

Tem *La tempestad*
F Primer folio (*First Folio*) de 1623
OED The Oxford English Dictionary (The Compact Edition)
RAE Diccionario de la Lengua Española, Real Academia Española
SD Acotación (*Stage Direction*)
n. Nota
v. Verso (o línea)
vv. Versos (o líneas)

LA TEMPESTAD

PERSONAJES

ALONSO	*rey de Nápoles*
SEBASTIÁN	*su hermano*
PRÓSPERO	*el legítimo duque de Milán*
ANTONIO	*su hermano, el usurpador duque de Milán*
FERDINAND	*hijo del rey de Nápoles*
GONZALO	*un viejo y honesto consejero*
ADRIÁN y FRANCISCO	*caballeros*
CALIBÁN	*un esclavo deforme y salvaje*
TRÍNCULO	*un bufón*
STEFANO	*un copero borracho*
CAPITÁN	*del barco*
CONTRAMAESTRE	
MARINEROS	
MIRANDA	*hija de Próspero*
ARIEL	*un espíritu del aire*
IRIS	
CERES	
JUNO	*espíritus*
Ninfas	
Segadores	

1.1   *Se oye un tempestuoso ruido de truenos y relámpagos;*
          entran un Capitán *y un* Contramaestre.

CAPITÁN   ¡Contramaestre!
CONTRAMAESTRE   ¡Aquí, señor! ¿Todo bien?
CAPITÁN   Bien. Llame a los marineros. Muévanse rápido o
encallamos. ¡Deprisa! ¡Deprisa!

                                                    Sale.

                    Entran marineros.

CONTRAMAESTRE   Ea, mis muchachos. ¡Ánimo, ánimo, mis   5
muchachos! ¡Rápido! ¡Rápido! Arríen la gavia. ¡Atentos al
silbato del Capitán! [*A la tormenta*] Sopla hasta que te
revientes, todavía podemos maniobrar.

            Entran ALONSO, SEBASTIÁN, ANTONIO,
               FERDINAND, GONZALO *y otros.*

ALONSO   Contramaestre, tenga cuidado. ¿Dónde está el Capitán?
¡Sean valientes!   10
CONTRAMAESTRE   ¡Se los ruego, quédense abajo!
ANTONIO   ¿Dónde está el Capitán, Contramaestre?
CONTRAMAESTRE   ¿Acaso no le oyen? Entorpecen nuestro trabajo.
¡Quédense en sus camarotes! Así solo empeoran la tormenta.
GONZALO   Vamos, buen hombre, mantenga la calma.   15
CONTRAMAESTRE   Cuando el mar lo haga. ¡Fuera de aquí!
                          / ¿Qué les importa a estas
estruendosas olas el nombre de un rey?
                          / ¡A sus camarotes! ¡Silencio!
No nos molesten.
GONZALO   Bien, pero no olvides a quién llevas a bordo.
CONTRAMAESTRE   Nadie a quien quiera más que a mí mismo.
                          / Usted es   20
un consejero: si es capaz de ordenar a estos elementos que
se callen y restablecer la calma de inmediato, no habrá que
sostener ningún cabo más. ¡Haga valer su autoridad! Si no
                          / es capaz,
agradezca haber vivido tanto tiempo y vaya a prepararse

a su camarote para la fatalidad que se avecina, si es que   25
así ocurre. ¡Ánimo, buenos muchachos! ¡Fuera de aquí,
                                        / he dicho!

Sale.

GONZALO   Este compañero me consuela.
Me parece que no tiene aspecto de ahogado...
Su cara es una horca perfecta. Buena fortuna, no aflojes en
su ahorcamiento. Que la soga de su destino sea nuestro
                                        / cable, pues   30
el que tenemos nos favorece poco. Si no ha nacido para
ser ahorcado, nuestra situación es penosa.

Salen.

Entra el Contramaestre.

CONTRAMAESTRE   ¡Abajo el mastelero! ¡Rápido! ¡Más abajo,
más abajo! La vela mayor a sotavento. (*Un grito dentro*).
Malditos aullidos. Son más ruidosos   35
que la tormenta o la maniobra.

Entran SEBASTIÁN, ANTONIO *y* GONZALO.

¿Otra vez? ¿Qué hacen aquí? ¿Nos rendimos y
nos hundimos? ¿Pretenden irse a pique?
SEBASTIÁN   ¡Que la sífilis te pudra la garganta, tú chillón,
blasfemo, perro desgraciado!   40
CONTRAMAESTRE   Háganlo ustedes, entonces.
ANTONIO   ¡Que te ahorquen, perro! ¡Que te ahorquen, hijo de
                                        / puta, gritón
insolente! Tenemos menos miedo de ahogarnos
que tú.
GONZALO   Te garantizo que no se ahogará, aunque el barco   45
fuera más frágil que una cáscara de nuez y tuviera tantas
                                        / goteras como
una muchacha incontinente.
CONTRAMAESTRE   ¡A favor del viento! ¡Desplieguen las dos velas
mar adentro otra vez! ¡A fondear mar adentro!

Entran marineros, *mojados.*

46

MARINEROS ¡Todo está perdido! ¡Recemos, recemos! ¡Todo está
/ perdido!   50
CONTRAMAESTRE ¡Cómo! ¿Se nos enfriarán las bocas?
GONZALO El Rey y el Príncipe están rezando. Unámonos
a ellos, pues nuestro sino es el mismo.
SEBASTIÁN Se me agotó la paciencia.
ANTONIO Estamos totalmente jodidos por   55
culpa de unos borrachos. ¡Este vulgar bocón! ¡Ojalá
yacieras ahogado después de diez mareas!
GONZALO Pero será ahorcado, aunque cada gota de
agua se resista con tal de tragárselo hasta engullirlo.
(*Ruidos confusos dentro*) ¡Misericordia! ¡Naufragamos,
/ naufragamos!   60
¡Adiós, esposa e hijos! ¡Adiós, hermano!
¡Naufragamos, naufragamos, naufragamos!
ANTONIO Hundámonos todos con el Rey.
SEBASTIÁN Despidámonos de él.

Sale [con Antonio].

GONZALO Ahora daría mil estadios de mar   65
por un solo acre de tierra estéril… Un brezal extenso, tojos
/ pardos,
lo que fuese. Que se cumpla la voluntad del cielo; yo habría
/ preferido
una muerte seca.

Sale.

---

57 A principios del siglo XVII, en Inglaterra, los piratas eran juzgados por el Ministerio
de Marina. La pena común era la horca, a orillas del mar, exactamente sobre la marca más baja dejada por la última marea. Luego, el o los cadáveres quedaban ahí hasta que les hubiesen pasado por encima, a lo menos, tres mareas. Así, cuando Antonio
desea que diez cubran al Contramaestre, evidentemente exagera; quizá debido al
desprecio que siente por él (Cfr. Vaughans, 42-44) o a la tensión del momento (Cfr.
Lindley, 49-50; Orgel y Vaughans, 57).

1.2   *Entran* PRÓSPERO *y* MIRANDA.

MIRANDA
  Si con su magia, queridísimo padre,
  Ha puesto a rugir estas salvajes aguas, aquiételas.
  Parece que el cielo fuera a derramar brea maloliente
  Mientras el mar, remontándose hasta sus mismas nubes,
  Intentara extinguir ese fuego. ¡Oh, he sufrido   5
  Con aquellos que he visto sufrir! Una nave espléndida
  (Sin duda con una noble criatura dentro)
  Se hizo pedazos. ¡Oh, el grito se estrelló
  Al fondo de mi corazón! Pobres almas, han perecido.
  Si yo hubiese sido un dios poderoso, habría   10
  Hundido el mar en la tierra antes
  De que se tragase a esa noble nave y
  A las almas que transportaba.
PRÓSPERO   Tranquila;
  No más sorpresas. Dígale a su piadoso corazón
  Que ningún mal se ha hecho.
MIRANDA   ¡Oh, día aciago!
PRÓSPERO   ¡Ningún mal!   15
  No he hecho más que cuidarte
* A ti, mi amada hija, a ti; que,
  Ignorante de lo que eres, tampoco sabes
  De dónde vengo ni que soy bastante más
  Que Próspero, el amo de esta pobre gruta,   20
  Tu humilde padre.
MIRANDA   Saber más
  Nunca turbó mis pensamientos.
PRÓSPERO   Es tiempo
  De que conozcas algo más. Acerca tu mano
  Y despójame de este manto mágico. Así…
  Descansa ahora, arte mío… Seca tus ojos y cálmate.   25
  El terrible espectáculo del naufragio, que despertó
  En ti la virtud misma de la compasión,
  Fue dispuesto con tanto cuidado por mi magia,
  Y con tal previsión, que ningún alma…
  No, ni un solo cabello se ha perdido.   30
  Nada sucedió a las criaturas de la nave,

Esas que oíste gritar y viste naufragar. Siéntate,
Debes saber todavía más.

MIRANDA   Varias veces
Ha empezado a contarme quién soy, pero se ha detenido
Siempre y me ha dejado en suspenso   35
Diciendo: "Espera, todavía no".

PRÓSPERO   Ha llegado la hora,
El minuto preciso de abrir tus oídos.
Obedece y presta atención. ¿Puedes recordar
El tiempo antes de que viniéramos a esta gruta?
No creo que puedas, pues entonces no tenías más   40
Que tres años de edad.

MIRANDA   Puedo, señor, ciertamente.

PRÓSPERO
¿Pero cómo? ¿Gracias a otra casa o persona?
Cuéntame la imagen de cualquier cosa
Que hayan guardado tus recuerdos.

MIRANDA   Todo es muy lejano…
Más parecido a un sueño que a una certeza   45
Es lo que mi memoria logra retener… ¿No había
Entonces cuatro o cinco mujeres que cuidaban de mí?

PRÓSPERO
Las había y más, Miranda. Pero, ¿cómo es que
Eso habita en tu mente? ¿Qué otra cosa ves
En el oscuro abismo del tiempo?   50
Si recuerdas algo de antes de venir aquí,
Quizá recuerdes cómo llegaste.

MIRANDA   Eso no lo recuerdo.

PRÓSPERO
Hace doce años, Miranda, doce años atrás,
Tu padre era el duque de Milán y
Un príncipe poderoso.

MIRANDA   Señor, ¿acaso no es usted mi padre?   55

PRÓSPERO
Tu madre era un modelo de virtud…
Decía que tú eras mi hija; que tu padre
Era el duque de Milán y tú su única heredera
Y princesa, de idéntico linaje.

MIRANDA   ¡Oh, cielos!

¿Qué vil acción nos trajo desde allí?   60
¿O fue una bendición?
PRÓSPERO   Ambas, mi niña, ambas.
Como dices, por una vil acción fuimos arrojados de allí,
Pero una bendición nos condujo hasta acá.
MIRANDA   ¡Oh! Sangra mi
                                        / corazón
Al pensar en el dolor que le he causado
Y que no puedo recordar. Por favor, continúe.   65
PRÓSPERO
A mi hermano, tu tío, de nombre Antonio
–Te ruego adviertas que un hermano
Puede llegar a ser así de pérfido–, a quien después de ti
He amado más que a nada en este mundo,
Encargué los asuntos de mi Estado; en ese tiempo,   70
De todos los señoríos el primero
Y Próspero el duque principal, reputadísimo
En dignidad y en las artes liberales
Sin parangón. Como a ellas dedicaba todos mis afanes,
A mi hermano dejé a cargo del gobierno   75
Y me hice un extraño en mi propio Estado, extasiado
Y arrobado por las ciencias ocultas. Ese traidor tío tuyo…
¿Me estás prestando atención?
MIRANDA   Señor, completamente.
PRÓSPERO
No bien se hizo experto en conceder favores
Y en aprender a negarlos, a quién promover y a quién   80
Rebajar por sus ínfulas, rehízo
A los que eran míos; digo, los cambió para sí,
Los modeló de nuevo. Poseyendo a un tiempo la clave
Del oficio y la del oficial, acompasó los corazones del Estado
Al tono que agradó a su oído. Y tanto, que vino a ser 85
La hiedra que cubrió el tronco de mi majestad,
Absorbiendo toda su savia. ¡No estás prestando atención!
MIRANDA Oh, mi buen señor, sí lo hago.
PRÓSPERO   Te ruego que me escuches.
Habiendo olvidado así las cosas de este mundo, dedicado
Por completo al retiro y al progreso de mi espíritu   90
Con aquello que, pese al total aislamiento,

Superaba con mucho el favor del pueblo, en mi traidor
                                    / hermano
Se despertó una naturaleza maligna y mi confianza,
Como la de un buen padre, hizo nacer en él,
Por efecto contrario, una falsedad tan profunda   95
Como mi buena fe: sin condiciones,
Una determinación sin límites. Así enseñoreado,
No solo con lo fructuoso de mis rentas
Sino hasta con los eventuales influjos de mi poder,
Como quien de tanto ir en contra de la verdad   100
Convierte su memoria en una pecadora
Que solo da crédito a sus mentiras, creyó
Que era, en efecto, el Duque. Y, habiendo tomado mi lugar,
Asumió el rostro aparente de la realeza
Con todas sus prerrogativas. Creciendo así su ambición...   105
¿Me escuchas?
MIRANDA   Su historia, señor, curaría hasta la sordera.
PRÓSPERO
Para que no hubiesen sombras entre lo que representaba
Y aquel a quien representaba, juzgó necesario
Adueñarse de todo Milán. ¡Pobre de mí!, mi biblioteca
Era un ducado demasiado extenso... De potestades
                                    / temporales   110
Me consideró incapaz y se confabuló
–Tanta era su sed de dominio– con el rey de Nápoles
Para brindarle un tributo anual y rendirle pleitesía;
Someter su inferior corona a la suya y doblegar
Así el hasta entonces orgulloso ducado (¡Ah, pobre Milán!)   115
A la más infame reverencia.
MIRANDA   ¡Oh, por todos los cielos!
PRÓSPERO
Examina la situación y sus consecuencias, y dime

92   Sentido discutido. Según Lindley, el aislamiento valió la pena por el conocimiento
      adquirido o Próspero valoraba más el estudio que el favor del pueblo. Un tercer
      sentido aludiría a que los estudios eran incomprensibles para el común de la gente.
      Con todo, no queda claro si se trata de las artes liberales (gramática, lógica, retóri-
      ca, aritmética, geometría, música y astronomía), ya mencionadas en v. 73, o de las
      ciencias ocultas (v. 76), entendidas como el estudio de los secretos de la magia (Cfr.
      Orgel, 92; Vaughans, 90-92).

Si acaso esto puede ser un hermano.

MIRANDA   Pecaría
Si no pensara rectamente de mi abuela;
Nobles vientres han parido malos hijos.

PRÓSPERO   Ahora el pacto.   120
Este rey de Nápoles, siendo mi enemigo
Inveterado, acogió las demandas de mi hermano
Que consistían en que, a cambio de los favores
De pleitesía y no sé de cuántos tributos más,
Me arrancase en el acto a mí y a los míos   125
Lejos del ducado, cediendo la hermosa Milán
A mi hermano con todos los honores. Luego
Reunió un ejército de traidores y, cierta medianoche
Señalada al efecto, abrió Antonio
Las puertas de Milán. Mientras, en el corazón de las
                              / tinieblas,   130
Los conjurados agentes nos sacaron a toda prisa
A mí y a ti, que llorabas.

MIRANDA   ¡Ay! ¡Por piedad!
Yo, aunque no recuerdo cómo lloré entonces,
Lo volvería a hacer otra vez. Es algo
Que hace saltar las lágrimas de mis ojos.

PRÓSPERO   Escucha un poco más   135
Y llegaré al presente estado de los asuntos,
Los que ahora nos incumben, sin los cuales esta historia
Sería del todo irrelevante.

MIRANDA   ¿Cómo es que no nos
Mataron en aquella hora?

PRÓSPERO   Bien preguntado, muchacha.
Mi relato suscita esa duda. Querida, ¡no se atrevieron!   140
Tanto era el amor del pueblo por mí que no quisieron
Dejar una huella tan sangrienta en el asunto y
Pintaron con justos colores sus perversos fines.
En pocas palabras, nos subieron a una barca y
Nos llevaron algunas leguas mar adentro, donde tenían   145
La carcasa podrida de un bote sin aparejo

144-45 Milán no es puerto marítimo. Probablemente Miranda y Próspero fueron lleva-
dos río abajo hasta el mar (Cfr. Lindley, Orgel, Vaughans, 144-45).

Ni polea, vela o mástil... y que hasta las ratas
Habían abandonado como por instinto. Allí nos cargaron
Para llorar al mar rugiente, para suspirar
A los vientos cuya piedad, suspirando de vuelta,   150
Nos hizo tan amoroso daño.

MIRANDA   ¡Ay! ¡Qué carga
Habré sido entonces para usted!

PRÓSPERO   ¡Oh, fuiste un querubín
Que logró salvarme! Tú sonreías,
Con una fortaleza inspirada desde el cielo,
Mientras yo adornaba el mar con lágrimas de sal   155
Y gemía bajo el peso de mis cargas. De esa sonrisa nació
La firme resolución de soportar
Todo aquello que tuviese que venir.

MIRANDA
¿Y cómo llegamos a la orilla?

PRÓSPERO   Gracias a la providencia divina.
Teníamos algo de alimento y agua fresca que   160
Un noble napolitano, Gonzalo
—Designado ejecutor de la sentencia—,
Nos dio por caridad junto a
Ricos vestidos, linos, telas y otras cosas necesarias,
Que hasta ahora nos han sido muy útiles. Y por su gentileza,   165
Sabiendo que yo amaba mis libros, me proporcionó también
Algunos volúmenes de mi propia biblioteca,
Que valoro más que mi ducado.

MIRANDA   ¡Ojalá un día
Llegue a ver a ese hombre!

PRÓSPERO   Ahora me levanto...
Sigue sentada y oye nuestra última penuria en el mar.   170
Aquí a esta isla llegamos y aquí
He logrado yo, tu maestro, que obtengas más provecho
Que otras princesas con más tiempo
Para las horas vanas, aunque sin tutores tan prolijos.

MIRANDA
Los cielos se lo agradezcan. Y ahora, señor, le ruego   175
—Pues aún retumba en mi cabeza—: ¿qué razones tuvo
Para provocar la tempestad?

PRÓSPERO   Ahora lo sabrás todo.

53

Por un accidente de lo más extraño, la gran fortuna
–Ahora mi dama adorada– trajo a mis enemigos
A estas costas. Y por mi presciencia   180
Advierto que mi cenit depende ahora de
Una estrella muy propicia, cuyo influjo
No debo rechazar sino cortejar, o mi suerte
Se marchitará para siempre. Aquí cesan las preguntas,
Ahora te aprestas a dormir... El letargo es dulce,   185
Déjate llevar... Sé que no tienes elección...
[*A Ariel*] Ven, siervo, ven. Ya estoy listo.
Acércate, mi Ariel. ¡Ven!

Entra ARIEL.

ARIEL
¡Salve, gran amo! ¡Poderoso señor, salve! Vengo
A satisfacer tus más altos deseos, sean estos volar,   190
Nadar, zambullirme en el fuego o cabalgar
Sobre las encrespadas nubes. A tu férrea voluntad
Se someten Ariel y sus hermanos.
PRÓSPERO   Espíritu, ¿has
Ejecutado con precisión la tempestad que te ordené?
ARIEL
Hasta el último detalle.   195
Abordé la nave del Rey y, ya en la proa
O en el centro, en cubierta o camarotes,
Encendí el espanto... A veces me dividí
Para arder en varios sitios: mastelero,
Vergas y bauprés abracé, uno a uno, para   200
Unirlos luego y fundirlos. Los rayos de Júpiter, anuncio
De terribles truenos, no fueron nunca tan fugaces
Ni deslumbrantes. El fuego y los estallidos
Del sulfurante estruendo hasta al poderoso Neptuno
Parecieron sitiar, estremeciendo sus audaces olas,   205

201 Júpiter: jefe de los dioses romanos, cuyos atributos eran los relámpagos y los truenos. Se le asocia a la vendimia, la protección en las batallas y las victorias. Se identifica con el roble y el águila (Cfr. Harvey, p. 232; Vaughans, 201).
204 Neptuno: dios romano del mar. Su atributo era el tridente o lanza de tres puntas
(Cfr. Vaughans, 204).

Sí, y agitando su aterrador tridente.
PRÓSPERO   ¡Mi valiente espíritu!
¿Quién fue tan firme y constante que un tumulto así
No alcanzó a infectar su razón?
ARIEL   Ningún alma
Dejó de sentir la fiebre de la locura ni ocultó
Los signos de la desesperación. Todos, salvo los marineros,   210
Se sumergieron en las espumas del mar y abandonaron
                                             / la nave.
Ya todo transformado en fuego por mí, Ferdinand, el hijo
                                             / del Rey,
Con los cabellos erizados (que bien parecían juncos),
Fue el primer hombre en saltar, gritando "¡El infierno está
                                             / vacío,
Y todos los demonios están aquí!".
PRÓSPERO   ¡Ese es mi espíritu!   215
Pero… ¿no estaba cercana la costa?
ARIEL   Muy cerca, mi amo.
PRÓSPERO
¿Pero están a salvo, Ariel?
ARIEL   Ni un solo cabello se ha perdido.
Sus henchidas vestiduras no solo quedaron pulcras,
Sino que lucen mejor que antes. Y, como ordenaras,
Los he dispersado en grupos por toda la isla.   220
Al hijo del Rey lo desembarqué aparte
Y lo he puesto a refrescar el aire con suspiros,
Sentado en un solitario recodo de la isla,
Cruzando así tristemente los brazos.
PRÓSPERO   De la nave del Rey
Y de los marineros, dime, ¿cómo dispusiste?   225
¿Y del resto de la flota?
ARIEL   A salvo en puerto
Está la nave del Rey; en la profunda cala donde, una vez,
Me enviaste a medianoche a buscar el rocío
De las tempestuosas Bermudas. Allí está escondida.
Todos los marineros descansan bajo cubierta: 230
A sus dolorosos trabajos he añadido un hechizo
Que los ha puesto a dormir. Y en cuanto al resto de la flota,
Que había dispersado, se ha vuelto a reunir.

Navega ahora por el Mediterráneo
Con triste destino hacia Nápoles,   235
Creyendo haber visto zozobrar la nave del Rey
Y a su noble persona perecer.

PRÓSPERO   Ariel, tu encargo
Se ha cumplido a la perfección; pero queda más trabajo.
¿Qué hora del día es?

ARIEL   Pasado el mediodía.

PRÓSPERO
Dos horas más, a lo menos. De aquí a las seis   240
Debemos aprovechar el valioso tiempo que nos queda.

ARIEL
¿Todavía hay más fatigas? Ya que me haces sufrir,
Permíteme recordarte lo que has prometido
Y que aún no se ha llevado a cabo.

PRÓSPERO   ¿Cómo? ¿De mal humor?
¿Qué es lo que puedes demandar?

ARIEL   Mi libertad.   245

PRÓSPERO
¿Antes del tiempo establecido? ¡Basta ya!

ARIEL   Te lo suplico,
Recuerda los valiosos servicios que te he prestado.
No te he mentido ni te he fallado; te he servido
Sin murmurar, sin rencor. Tú prometiste
Liberarme antes de un año.

PRÓSPERO   ¿Has olvidado acaso   250
De qué tormento te liberé?

ARIEL   No.

PRÓSPERO
Sí lo has hecho. Y tienes como gran cosa pisar el légamo
Del fondo del mar y
Correr sobre el cortante viento del norte
Para ejecutar mis encargos en las venas de la tierra,   255

---

240 *At least two glasses*: expresión que alude a la medida de los relojes de arena. A diferencia de la media hora por ampolleta que utilizaban los marineros, cada lapso equivale aquí a una hora. Por tanto, si se suman *two glasses* al tiempo indicado por Ariel, serían exactamente las dos de la tarde (Cfr. Lindley, Orgel, Vaughans y Verity, 240).

Cuando se hayan escarchadas por el hielo.
ARIEL   No, señor.
PRÓSPERO
    ¡Mientes, cosa maligna! ¿Acaso has olvidado
    A la repugnante bruja Sycorax, por los años y la envidia
    Arqueada como si fuese un aro? ¿La has olvidado?
ARIEL   No, señor.
PRÓSPERO   ¡Sí lo has hecho! ¿Dónde nació? Habla, dime.   260
ARIEL
    En Argel, señor.
PRÓSPERO   ¿Ah, sí? Tengo que
    Recordarte una vez al mes lo que has sido,
    Pues se te olvida. Esa maldita bruja Sycorax,
    Por sus muchas maldades y maleficios terribles
    A oídos humanos, de Argel,   265
    Como sabes, fue desterrada. Solo por una cosa que hizo
    No le quitaron la vida. ¿No es esto verdad?
ARIEL   Sí, señor.
PRÓSPERO
    Esa arpía de ojos azulados fue traída encinta
    Y abandonada aquí por unos marineros. Tú, mi esclavo,   270
    Según me referiste, eras entonces su sirviente.
    Mas como eras un espíritu demasiado delicado
    Para ejecutar sus bestiales y abominables designios,
    Rehusaste obedecerla. Y entonces te confinó,
    Con la ayuda de sus más poderosos agentes   275
    Y en su implacable furia,
    En un pino ahuecado, dentro de cuya corteza
    Permaneciste dolorosamente prisionero
    Una docena de años. En el intertanto ella murió,
    Dejándote allí, donde tus gemidos golpeaban   280
    Como las aspas del molino al agua. Desde entonces que esta isla
    (Salvo por el hijo que parió aquí,
    Una pecosa bestia nacida de arpía) no era honrada con
    Una forma humana.
ARIEL   Sí, su hijo Calibán.
PRÓSPERO
    De esa cosa informe te hablo; de él, de ese Calibán,   285
    A quien tengo ahora a mi servicio. Nadie como tú sabe

57

Bajo qué tormentos te encontré: tus gemidos
Hacían aullar a los lobos y traspasaban el siempre
Fiero corazón de los osos. Era como el suplicio
De un condenado, que ni siquiera Sycorax   290
Pudo deshacer. Fue mi magia,
Cuando llegué aquí y te oí, la que abrió
Aquel pino y te sacó fuera.

ARIEL   Te lo agradezco, amo…

PRÓSPERO
Si sigues quejándote, desgarraré una encina
Y te clavaré en sus nudosas cavidades   295
Hasta que hayas aullado durante doce inviernos.

ARIEL   Perdón, amo…
Obedeceré tus mandatos
Y seré en todo un dócil espíritu.

PRÓSPERO
Hazlo, y dentro de dos días
Te dispensaré.

ARIEL   ¡Ese es mi noble amo!   300
¿Qué debo hacer? Dilo. ¿Qué debo hacer?

PRÓSPERO
Ve y transfórmate en una ninfa del mar;
Que solo te reconozcan mi vista y la tuya, invisible
A todos los demás ojos. Ve a asumir dicha forma
Y vuelve enseguida. ¡Ve! ¡Rápido!   305

Sale [*Ariel*].

[*A Miranda*] Despierta, dulce corazón, despierta. Has dormido bien.
Despierta.

MIRANDA Lo extraño de su relato
Me ha aletargado.

PRÓSPERO   Espabílate… Vamos.
Visitaremos a Calibán, mi esclavo, quien nunca
Nos da respuestas amables.

MIRANDA   Es un villano, señor;   310
No me gusta mirarlo.

PRÓSPERO   Como sea,
No podemos prescindir de él. Nos enciende el fuego,

Trae nuestra leña y nos sirve en labores
Que nos son de provecho... ¡Ah, eh, esclavo! ¡Calibán!
¡Tú, pedazo de tierra, habla!
CALIBÁN [*Dentro*]   Ya hay suficiente leña.   315
PRÓSPERO
Que vengas, te digo; hay más encargos para ti.
Ven, tortuga, ¡sal! ¿Vienes?

Entra ARIEL *como una ninfa del mar.*

Delicada aparición, mi exquisito Ariel...
Deja que te hable al oído.
ARIEL   Así se hará, mi señor.   *Sale.*
PRÓSPERO
¡Y tú, esclavo infecto, engendro del mismo demonio   320
En tu perversa madre, ven aquí!

Entra CALIBÁN.

CALIBÁN
¡Que el perverso rocío que mi madre recogiera
De la inmunda charca con la pluma de un cuervo
Caiga sobre ustedes! ¡Que el Sudoeste les sople
Y les cubra de úlceras por todas partes!   325
PRÓSPERO
Por eso, no lo dudes, esta noche sufrirás calambres y
Punzadas que te cortarán la respiración. Los erizos,
En esa fase nocturna en la que les es permitido actuar,
Te atormentarán. Quedarás tan agujereado

324 Según la creencia popular, el Sudoeste, viento cálido y húmedo, era portador de diversas enfermedades. De ahí las maldiciones de Calibán en el verso siguiente (Cfr. Vaughans, 324).
327 No queda claro si *urchins* refiere a erizos de mar (*sea urchins*), erizos de tierra o puercoespines (*hedgehogs*), duendes o espíritus (*goblins*), que solían tomar la forma de erizos de tierra, según las creencias de la época. Verity anota que *urchin* era el nombre antiguo para erizo de tierra. Como sea, poseen púas capaces de pinchar profundamente la piel. Más adelante (2.2.10-12), los espíritus de Próspero aparecerán claramente como duendes en forma de puercoespines (Cfr. Lindley, Vaughans y Verity, 327; Orgel, 326).

Como una colmena y cada pinchazo será más punzante   330
Que picadas de abejas.

CALIBÁN   Debo comer mi cena.
Esta isla me pertenece por Sycorax, mi madre,
Y tú me la arrebataste. Al llegar aquí
Me acariciabas y me halagabas; me dabas
Agua con fresas; y me enseñaste cómo   335
Nombrar la lumbrera mayor y la menor,
Que iluminan el día y la noche. Y entonces te amé.
Y te mostré todas las propiedades de la isla:
El manantial fresco y el salobre, lo yermo y lo fértil.
¡Maldito de mí por haberlo hecho! ¡Que todos los hechizos   340
De Sycorax –sapos, escarabajos y murciélagos– caigan
*   / sobre usted!
Pues aunque soy el único súbdito que tiene
–Al principio fui mi propio rey–, aquí me estoy pudriendo
En esta dura roca, mientras usted me despoja
Del resto de la isla.

PRÓSPERO   ¡Tú, esclavo mentiroso,   345
A quien más conmueve el látigo que la dulzura! Te he tratado
(Porquería como eres) con humanidad; te cobijé
En mi propia gruta, hasta que intentaste violar
El honor de mi niña.

CALIBÁN
¡Oh jo! ¡Oh jo! Ojalá lo hubiera hecho.   350
Si no me lo hubiese impedido, habría poblado
Esta isla de Calibanes.

MIRANDA   ¡Abominable esclavo,
En quien la bondad jamás dejará huella alguna

---

350 O *ho, O ho!*: expresión comúnmente atribuida a un villano o agitador, pero principalmente a Satán (Cfr. Lindley, 349).

352-63 En F, este parlamento lo dice Miranda. Sin embargo, por su tono, durante más
de dos siglos editores de *Tem* lo asignaron a Próspero. Desde mediados del siglo XX,
la mayoría de las ediciones volvió a atribuirlo a Miranda, argumentando que si bien
su respuesta es bastante dura para una muchacha de la época, expresa el despecho
que siente por Calibán. En su traducción, Astrana Marín lo atribuye a Próspero
(Cfr. p. 2034); no así los editores de Arden, Cambridge y Oxford (Cfr. Orgel, "Introduction", p.17 y n. a vv. 350-61; Vaughans, "Introduction", p.135 y n. a vv. 352-63;
Lindley, 351-62).

Pues eres capaz de todos los males! Te tuve lástima...
Me desviví por hacerte hablar. Cada hora te enseñaba   355
Esto y aquello... Cuando tú, salvaje,
No sabías ni lo que eras –y balbuceabas
Como la cosa más bruta–, di a tus ideas
Palabras que te permitieron expresarlas. Pero tu raza vil,
Aunque aprendiera, tenía eso que las buenas naturalezas   360
Son incapaces de tolerar. Así fuiste
Justamente confinado a esta roca,
Aun mereciendo peor castigo que una prisión.

CALIBÁN
Usted me enseñó a hablar. Y el provecho que obtuve
Es que ahora sé maldecir. ¡Que la peste roja le caiga encima   365
Por haberme enseñado su idioma!

PRÓSPERO   ¡Fuera, cría de bruja!
Tráenos leña y pronto –más te vale–,
Pues tienes otras tareas. ¿Te encoges de hombros, maldito?
Si eres negligente o haces de mala gana
Lo que ordeno, te volverán a torturar los calambres.   370
Llenaré todos tus huesos de dolor y te haré gemir
Tan fuerte que hasta las bestias temblarán.

CALIBÁN   ¡No, te lo suplico!   *
[*Aparte*] Debo obedecer; su magia es tan poderosa
Que podría controlar a Setebos, el dios de mi madre,   374

---

365 Probablemente Calibán refiere a la peste bubónica transmitida por ratas, que llegó
a Inglaterra alrededor de 1582 por barcos provenientes del Este. Aunque el tifus
también produce exantema, el primer y más visible síntoma de contagio de la peste
era la aparición de úlceras rojas en la piel (Cfr. Lindley y Verity, 364; Orgel, 363;
Vaughans, 366).

366 Próspero recuerda a Calibán su origen tratándolo de *hag-seed*, cría de bruja; es decir,
hijo de la cruel Sycorax (Cfr. Lindley y Verity, 365; Vaughans, 366).

374 Setebos: deidad de la Patagonia, al sur de América, mencionada por Antonio Pigafetta en su narración de las expediciones de Magallanes a esas tierras, publicada
en 1526. El autor informa que los lugareños adoraban a una especie de demonio
llamado "Setebos". Al relacionarlo con Sycorax, a la bruja se la identifica con lugares y dioses remotos. La narración fue traducida al inglés por primera vez en las
antologías de viajes de Richard Eden, de 1555 y 1577 (Cfr. Lindley y Verity, 373;
Vaughans, "Introduction", pp. 40-41 y n. a v. 374). Pigafetta describe también el
fenómeno meteorológico del fuego de San Telmo, y habla de caníbales y tempes-
tades.

Y hacerlo su vasallo.

PRÓSPERO ¡Vete, esclavo! *Sale Calibán.*

Entran FERDINAND *y* ARIEL, *invisible, tocando
y cantando.*

ARIEL [*Canta.*]
Vengan a estas arenas doradas
     Y tómense de las manos;
Salúdense después y bésense,
     Hasta que las salvajes olas enmudezcan.
Dancen alegremente aquí y allá...   380
¡Dulces duendes, únanse
     Al estribillo!

(*Desde distintas posiciones*)

ESPÍRITUS ¡Escuchen, escuchen! Guau guau,
     Los perros guardianes ladran, guau guau.
ARIEL   Escuchen, escuchen, yo los oigo.   385
     El gallo fanfarrón
     Canta quiquiriquí.

375 La SD indica que Ariel entra invisible, cantando y tocando un instrumento. Próspe-
     ro ha dado instrucciones a su espíritu de aparecer invisible. El atuendo de ninfa del
     mar es signo de ello; por lo tanto, Ferdinand no lo ve. El instrumento debiera ser
     un laúd, generalmente utilizado en la corte, a diferencia de la gaita —más vulgar—
     que tocarán después Calibán, Stefano y Trínculo cuando se dirijan a la charca (Cfr.
     Lindley, 374 SD.2; Orgel, 373.2; Vaughans, 375.1).
376-78 Como dijimos en la "Introducción", al traducir las canciones privilegiamos el
     sentido literal por sobre el efecto musical de su prosodia y rima. Para que ello se
     pueda apreciar, reproducimos de aquí en adelante las versiones originales de todas
     las canciones (Cfr. "Introducción", p. 37):
ARIEL [*Sings.*]
     Come unto these yellow sands,
          And then take hands;
     Curtsied when you have, and kissed
          The wild waves whist;
     Foot it featly here and there,
     And sweet sprites bear
          The burden.
SPIRITS   Hark, hark! Bow-wow,
     The watch dogs bark, bow-wow.
     Hark hark, I hear.
ARIEL   The strain of strutting chanticleer
     Cry cock a diddle dow.

FERDINAND

    ¿De dónde viene esta música? ¿Del aire o de la tierra?

    Ya no se oye más… Sin duda sirve

    A un dios de la isla. Sentado en la orilla,   390

    Llorando otra vez el naufragio de mi padre el Rey,

    Esta música vino a mí desde las aguas,

    Aquietando su furia y mi pasión

    Con dulce brisa. Hasta acá la seguí

    (O más bien ella me trajo), pero se ha ido.   395

    No, ahora comienza una vez más…

ARIEL [*Canta.*]

    A cinco brazas profundas yace tu padre,

    Sus huesos hechos coral;

    Son perlas los que fueron sus ojos.

    Nada en él se ha descompuesto,   400

    Aunque el mar lo transformó

    En algo rico y extraño.

    Las ninfas, cada hora, tañen su campana.

ESPÍRITUS   Ding dong.

ARIEL   Escucha, ahora las oigo.

ESPÍRITUS   Ding dong.   405

FERDINAND

    El coro me recuerda a mi padre ahogado;

    Esto no es cosa humana ni sonido

    Que provenga de la tierra. Ahora lo siento sobre mí.

PRÓSPERO [*A Miranda*]

    Levanta las tupidas cortinas de tus ojos,

    Y dime qué es lo que ves más allá.

MIRANDA   ¿Qué es? ¿Un espíritu?   410

    Señor, cómo lo observa todo… Créame, señor,

397-403

ARIEL [*Sings.*]

        Full fathom five thy father lies,

        Of his bones are coral made;

        Those are pearls that were his eyes,

        Nothing of him that doth fade

        But doth suffer a sea-change

        Into something rich and strange.

        Sea-nymphs hourly ring his knell.

Luce tan hermoso… Pero es un espíritu.

PRÓSPERO

No, muchacha. Come y duerme, y tiene los mismos sentidos
Que nosotros, los mismos… Este galán que ves aquí
Estuvo en el naufragio; y aunque está algo desfigurado   415
Por el dolor (ese cáncer de la belleza), no puedes negar que es
Un joven apuesto. Ha perdido a sus compañeros
Y camina sin rumbo buscándolos.

MIRANDA   Diría que es
Una cosa divina, pues en la naturaleza
Nunca vi nobleza semejante.

PRÓSPERO [*Aparte*]   Veo que todo marcha   420
Según lo dispone mi alma. [*A Ariel*] Espíritu, buen espíritu,
                                                    / te liberaré
Por esto dentro de dos días.

FERDINAND   ¡Sin duda es la diosa
A quien sirven estos vientos! Atienda, se lo ruego:
Quisiera saber si usted vive en esta isla
Y si acaso podría instruirme con provecho acerca   425
De cómo conducirme en ella. Pero mi mayor deseo,
Aunque lo exprese al final, es saber (¡Oh maravilla!)
Si eres mortal o no…

MIRANDA   Ninguna maravilla, señor,
Pero ciertamente mortal.

FERDINAND   ¿Mi idioma? ¡Cielos!
Yo sería el mejor de todos quienes lo hablan   430
Si estuviera allí donde se usa.

PRÓSPERO   ¿Cómo? ¿El mejor?
¿Qué sería de ti si el rey de Nápoles te escuchara?

FERDINAND

Un solitario, como soy ahora, asombrado
De oírte hablar del rey de Nápoles. Él me oye,
Y al hacerlo, lloro. Yo soy Nápoles;   435
Cuyos ojos, sin cesar jamás de llorar, vieron

---

428 *maid* (mortal): sentido discutido. Puede referir a un ser humano (como opuesto a
diosa o divinidad), una mujer soltera, una virgen o doncella. Es claro que Ferdinand
quiere saber si Miranda es humana (mortal) o divina; pero especialmente si es soltera (Cfr. Lindley, 426; Orgel, 428; Vaughans, 429).

Naufragar a mi padre el Rey.

MIRANDA   ¡Ay, por misericordia!

FERDINAND

Sí, a fe, y a todos sus caballeros; el duque de Milán
Y su noble hijo entre ellos.

PRÓSPERO [*Aparte*]   El duque de Milán
Y su todavía más noble hija podrían contradecirte   440
Si fuese ahora el momento. A primera vista
Han cruzado miradas. [*A Ariel*] Delicado Ariel,
* Te liberaré por esto. [*A Ferdinand*] Una palabra, buen señor:
Temo que usted se haya engañado. Una palabra...

MIRANDA [*Aparte*]

¿Por qué mi padre es tan descortés al hablar? Este   445
Es el tercer hombre que conozco y el primero
Por quien suspiro. ¡Que la piedad mueva a mi padre
En mi favor!

FERDINAND   ¡Oh, si es virgen
Y su afecto no tiene dueño, le haré
Reina de Nápoles!

PRÓSPERO   Calma, señor, una palabra más.   450
[*Aparte*] Están en poder el uno del otro... Pero a este veloz
                                          / asunto
Debo agregar mayor dificultad; no sea que una victoria fácil
Rebaje el premio. [*A Ferdinand*] Una palabra más. Te conmino a
* Que me prestes atención. ¡Has usurpado
Un nombre que no te pertenece y has venido   455
A esta isla como espía, para arrebatármela
A mí, su dueño!

FERDINAND   No, como hombre que soy.

MIRANDA

Nada malo puede habitar en un templo así.
Si el espíritu maligno tuviese una casa tan hermosa,
Las cosas buenas querrían vivir en ella.

PRÓSPERO [*A Ferdinand*]   Sígueme.   460
No hables en favor suyo pues es un traidor. ¡Vamos,

---

461 En la edición de Arden, las palabras de Próspero aparecen entre guiones; indicando
que, aunque está hablando a Ferdinand, en ese preciso instante se dirige a Miranda
(Cfr. Vaughans, 461).

Te encadenaré el cuello a los pies!
Beberás agua de mar y tu alimento serán
Mejillones de arroyo, raíces marchitas y las cáscaras
Donde se acunan las bellotas. ¡Sígueme!
FERDINAND   No,   465
Me resisto a estos tratos hasta que
Mi enemigo exhiba mayor poder.
                          Desenvaina y un encantamiento le paraliza.
MIRANDA   Oh, querido padre,
No le juzgue tan precipitadamente,
Que es gentil y no inspira recelo.
PRÓSPERO   ¿Qué es esto?
¿Mi tutor es mi pie? ¡Envaina tu espada, traidor!   470
Alardeas sin atreverte a atacar y tu conciencia
Está poseída por la culpa. Baja la guardia,
Pues con esta vara soy capaz de desarmarte
Y hacer que tu espada caiga al suelo.
MIRANDA   Padre, se lo suplico…
PRÓSPERO
Suéltame, no tires de mi manto.
MIRANDA   ¡Piedad, señor!   475
Yo seré la garantía…
PRÓSPERO   ¡Silencio! Una palabra más
Y vendrá la reprimenda, si no el odio. ¿Cómo?
¿Estás de abogada del impostor? Calla.
Te figuras que no existen otros así;
Solo lo has visto a él y a Calibán. Muchacha torpe,   480
Para la mayoría de los hombres este es un Calibán
Y ellos ángeles para él.
MIRANDA   Mis afectos
Son entonces muy humildes. No ambiciono
Ver a un hombre más apuesto.
PRÓSPERO [*A Ferdinand*]   Vamos, obedece:
Tus articulaciones vuelven a la infancia   485
Y pierden su vigor.
FERDINAND   ¡Así parece!
Mis espíritus están atados, como en un sueño.
La pérdida de mi padre, la debilidad que siento,
La muerte de mis amigos o las amenazas de este hombre

(A quien estoy sometido) me serían cosas leves   490
Si tan solo pudiera, desde mi prisión, diariamente
Contemplar a esta doncella. ¡Que en los demás rincones de
/ la tierra
Se despliegue la libertad! Suficiente espacio
Poseo yo en esta prisión.
PRÓSPERO [*Aparte*] Funciona. [*A Ferdinand*] Vamos...
Lo has hecho bien, dulce Ariel. Sígueme...   495
Escucha lo que todavía debes hacer por mí...
MIRANDA [*A Ferdinand*]   Ánimo...
Señor, mi padre es de mejor naturaleza
De lo que expresan sus palabras. Es inusual
El modo en que se ha comportado...
PRÓSPERO [*a Ariel*]   Serás tan libre
Como el viento de las montañas, pero cumple cabalmente   500
Todo lo que te mando.
ARIEL   Letra por letra.
PRÓSPERO [*A Ferdinand*]
Vamos, sígueme... ¡No hables en su favor!   *Salen todos.*

2.1   *Entran* ALONSO, SEBASTIÁN, ANTONIO, GONZALO,
       ADRIÁN, FRANCISCO *y otros.*

GONZALO
    Alégrese, señor, se lo ruego. Tiene usted,
    Como todos, motivos de gozo; nuestra salvación
    Vale mucho más que lo perdido. La causa de este dolor
    Es común: cada día, la esposa de un marino,
    Los patrones de un mercante y el mercader   5
    Sufren igual desdicha. Por lo que un milagro como éste
    –Digo, nuestra salvación– pocos entre millones
    Podrían contarlo. Así, buen señor, sopese juiciosamente
    Nuestro dolor con nuestro consuelo.
ALONSO   Por favor, paz.
SEBASTIÁN [*A Antonio*] Se toma el consuelo como una   10
    sopa fría.
ANTONIO [*A Sebastián*] Esta visita de caridad no se irá
    tan pronto.
SEBASTIÁN   Mira, le está dando cuerda al reloj de su ingenio;
    sonará una y otra vez…   15
GONZALO [*A Alonso*] Señor…
SEBASTIÁN   Una. Cuenta.
GONZALO   Cuando la pena ofrecida se acepta,
    quien la acepta recibe…
SEBASTIÁN   Un dólar.   20

---

5   *The masters of some merchant, and the merchant*: Shakespeare utiliza la palabra *mer-
     chant* con dos sentidos diferentes, en la misma línea. Refiere, en primer lugar, al ca-
     pitán o dueño de un barco mercante; luego, al mercader (Cfr. Vaughans, 5). Lindley
     y Orgel (5) indican que puede referir también a la embarcación.
9-11 Alonso pide a Gonzalo que guarde silencio y lo deje en paz (*peace*). Sebastián cree
     que ha pedido arvejas (*pease*; singular o plural según la ortografía de la época) y jue-
     ga con *peace* y *pease* hasta comentar a Antonio que el Rey se toma el consuelo como
     cold pease-porridge, sopa fría de arvejas; caldo nada apetecible si no se sirve caliente
     (*hot pease-porridge*). Pareciera indicar que no valora lo suficiente el consuelo que
     recibe, o que éste es ineficaz (Cfr. Lindley, Orgel, Vaughans, 9-11; Verity, 10-11).
10   A partir de aquí y hasta v. 107, Shakespeare pasa de verso a prosa (Cfr. "Introduc-
     ción", p. 32 y ss.). Sin embargo, algunas ediciones, como las de Orgel y Lindley, dado
     el carácter errático de algunas frases y los problemas de línea en F, mantienen algu-
     nas en verso (Cfr. Lindley, 18-20; Vaughans, 10).
20-21 *dollar* y *dolour*. La similitud fonética de estas palabras –mayor en inglés que en
     castellano– contribuye a dar un sentido fatalista a la respuesta de Gonzalo. El dólar,

GONZALO   Un dolor, por cierto… Usted
ha hablado más verdaderamente de lo que se imagina.

SEBASTIÁN   Y usted se lo ha tomado más seriamente de lo
que yo pretendí.

GONZALO   Entonces, mi señor…   25

ANTONIO   ¡Uf, qué suelto de lengua es éste!

ALONSO   Se lo ruego, déjeme en paz.

GONZALO   Bien, eso es todo. Sin embargo…

SEBASTIÁN   Y va a seguir hablando.

ANTONIO   Apuesta quién será el primero en empezar   30
a cacarear. ¿Él o Adrián?

SEBASTIÁN   El gallo viejo.

ANTONIO   El gallito.

SEBASTIÁN   ¡Hecho! ¿La apuesta?

ANTONIO   Una carcajada.   35

SEBASTIÁN   ¡Apostado!

ADRIÁN   Aunque esta isla parece desierta…

ANTONIO   ¡Ja, ja, ja!

SEBASTIÁN   Entonces, pagado está.

ADRIÁN   Inhabitable y casi inaccesible…   40

SEBASTIÁN   Sin embargo…

ADRIÁN   Sin embargo…

ANTONIO   Eso no podía perdérselo.

ADRIÁN   Se ve llena de una sutil, delicada y tierna
templanza.   45

ANTONIO   Delicada muchacha era Templanza…

SEBASTIÁN   Ah, y sutil… Como ha explicado con tanta
erudición.

ADRIÁN   El aire sopla aquí muy suavemente sobre nosotros.

SEBASTIÁN   Como si tuviese los pulmones podridos.   50

---

moneda de plata de origen alemán o español, no era habitualmente utilizada por los
ingleses. Probablemente lo sea aquí por los italianos, a efectos del juego humorístico
(Cfr. Lindley, 18-20; Orgel, 19-21; Vaughans, 18-21; Verity, 17-18).

45-46 *temperance*: templanza. La cuarta acepción en OED (II, p.162) pone como ejemplo
las palabras de Adrián a propósito del clima. Sin embargo, Shakespeare juega con el
sentido del término usándolo como nombre propio –práctica común en la época–,
relacionando así la delicadeza o sutileza del clima con una muchacha. Lindley, Orgel y los Vaughan sugieren que la temperatura puede asociarse aquí al placer sexual
(Cfr. Lindley, 42-43; Orgel 44-45; Vaughans, 45-46).

ANTONIO　O como si lo perfumase un pantano.

GONZALO　Aquí todo es provechoso para la vida.

ANTONIO　Cierto, salvo los medios para vivir.

SEBASTIÁN　De esos hay pocos o ninguno.

GONZALO　¡Cuán voluptuosa y firme crece la hierba!

/ ¡Qué verdor!　　55

ANTONIO　Efectivamente, la tierra es parda.

SEBASTIÁN　Con un suave tinte verde.

ANTONIO　No se equivoca demasiado.

SEBASTIÁN　No, aunque en lo verdadero yerra por completo.

GONZALO　Pero lo raro, lo que está casi　　60
fuera de todo crédito…

SEBASTIÁN　Como en la mayoría de las rarezas…

GONZALO　Es que nuestros vestidos, habiendo quedado
empapados por el mar, mantengan no obstante su
finura y su brillo, y luzcan como recién teñidos　　65
en vez de salpicados por el agua salada.

ANTONIO　Si uno de sus bolsillos pudiese hablar,
¿no diría que miente?

SEBASTIÁN　Sí, o se echaría al bolsillo su reputación.

GONZALO　Me parece que nuestros vestidos lucen tan nuevos

/ como　　70
cuando los usamos por primera vez en África, en el

/ matrimonio de
la graciosa hija del Rey, Claribel, con el rey de Túnez.

SEBASTIÁN　Fue un matrimonio feliz, y mucho prosperamos
al regresar…

ADRIÁN　Túnez jamás fue bendecida con　　75
reina tan incomparable.

GONZALO　No desde los tiempos de la viuda Dido.

67-69　Juego de palabras de difícil traducción entre *pocket*, bolsillo, y *pocket up*, ignorar
u ocultar. Cuando Antonio pregunta *If but one of his pockets could speak, would it /
not say he lies?* ("Si uno de sus bolsillos pudiese hablar, /¿no diría que miente?"), se
refiere a que la apariencia externa de los bolsillos de Gonzalo no corresponde a su
interior, pues están mojados. Sebastián responde afirmativamente: *Ay, or very falsely
pocket up his report* ("Sí, o se echaría al bolsillo su reputación"); agregando que, de
lo contrario, muy falsamente ignorarían (*pocket up*) la reputación o el informe de
Gonzalo (Cfr. Lindley, 62-64; Orgel, 65-67; Vaughans, 67-69).

77　Junto al juego fonético entre *widow*, viuda (pronunciado "widou"), y *Dido* (pronunciado "Daidou"), irreproducible en castellano, Shakespeare hace referencia aquí a

ANTONIO ¿Viuda? Maldición. ¿Qué tiene que ver esa viuda
 aquí? ¡La viuda Dido!

SEBASTIÁN ¿Y si hubiese nombrado también al viudo Eneas?   80
 Gran Dios, ¡cómo lo entiende usted!

ADRIÁN ¿La viuda Dido, dijo? Me deja pensando al
 respecto… Ella era de Cartago, no de Túnez.

GONZALO Túnez, señor, era Cartago.

ADRIÁN ¿Cartago?   85

GONZALO Se lo aseguro, Cartago.

ANTONIO Su palabra vale más que el arpa milagrosa.

SEBASTIÁN Ha levantado murallas y también mansiones.

ANTONIO ¿Qué asunto imposible hará fácil
 ahora?   90

SEBASTIÁN Creo que se llevará esta isla a casa en un
 bolsillo y se la dará a su hijo como si fuese una manzana.

ANTONIO ¡Y, sembrando sus semillas en el mar, engendrará
 nuevas islas!

GONZALO Yo…   95

ANTONIO Vaya, al fin.

GONZALO Señor, hablábamos de que nuestros vestidos lucen
 tan nuevos como cuando estábamos en Túnez en el
                 / matrimonio

Eneida, I-IV. En este poema épico, Virgilio adapta el mito de Dido, reina de Cartago, quien luego de la muerte de su esposo Siqueo prometió guardar castidad por fidelidad a él. Sin embargo, después del naufragio de Eneas, también viudo, ambos se enamoraron y Dido rompió su promesa. Cuando Eneas tuvo que marchar a Italia para fundar Roma, Dido no fue capaz de vivir sin su compañía y se suicidó prendiéndose fuego sobre una pira. Autores de la época de Shakespeare sugieren una posible relación entre Dido, cuyo verdadero nombre era Elissa (Eliza), con la reina Isabel I (Elizabeth); quien, si bien no fue viuda, permaneció siempre soltera. El epíteto "Dido" (valiente) se le asignó tras su muerte (Orgel, p. 41). Cabe también la posibilidad que Shakespeare se refiera indirectamente al ensayo de Montaigne "De la diversión" (III.IV), donde relaciona a Dido con temas como la pérdida, el naufragio y el consuelo. Los ensayos de Montaigne habían sido traducidos por John Florio hacia 1603 y Shakespeare probablemente los leyó. Mientras Gonzalo trata de distraer al Rey, Sebastián y Antonio bromean con el tema (Cfr. Lindley, 72-74; Orgel y Vaughans, 77; Verity, 76-79).

87 Según el mito, el arpa milagrosa podría ser tanto la de Anfión como la de Apolo. El primero habría movido las piedras a levantar las murallas de Tebas con su dulce música (Horacio, *Odas*, III.II.2). El arpa de Apolo, en cambio, levantó la muralla de Troya. La palabra de Gonzalo se compara con el arpa pues ha levantado la destruida Cartago al identificarla con Túnez: dos ciudades diferentes situadas a 10 millas de distancia entre sí (Cfr. Lindley, 82-83; Vaughans, 87; Verity, 86).

de su hija, quien ahora es reina.

ANTONIO   Y la más bella que allí jamás hubo.   100

SEBASTIÁN   Excepto, se los suplico, la viuda Dido.

ANTONIO   Oh, ¿la viuda Dido? Ah, sí, la viuda Dido.

GONZALO   Señor, ¿acaso no luce mi jubón tan bien como el
                                              / primer día
que lo usé? Digo, en cierto modo…

ANTONIO   Ese modo estuvo bien elegido.   105

GONZALO   Cuando lo usé en el matrimonio de su hija.

ALONSO
Atiborra mis oídos con tantas palabras
Que mis sentidos no alcanzan a digerir… Ojalá nunca
Hubiese casado a mi hija allí… Al regresar
Perdí a mi hijo y, según creo, a ella también…   110
Está tan lejos de Italia
Que jamás la volveré a ver. ¡Oh tú, mi heredero
De Nápoles y Milán! ¿Qué extraño pez
Te ha devorado?

FRANCISCO   Vivirá, señor.
Yo mismo lo vi golpear las olas   115
Y cabalgar sobre sus crestas. Caminó sobre el agua
Para dominar su furia y ofreció el pecho
Al feroz oleaje que le acometía. La cabeza altiva
Mantuvo a flote entre las rebeldes olas, mientras
Sus fuertes brazos, cual poderosos remos, lo condujeron   120
Hacia la orilla. Ésta, doblada por la erosión del mar,
Pareció inclinarse a recibirlo. No lo dudo,
Ha llegado vivo a tierra.

ALONSO   No, no… Está muerto.

SEBASTIÁN
Señor, a usted mismo agradezca esta gran pérdida.
No quiso bendecir nuestra Europa con su hija,   125
Sino más bien perderla con un africano…
Allí, finalmente ha quedado lejos de sus ojos,
Que motivos tienen para llorar de pena.

ALONSO   Por favor, silencio.

SEBASTIÁN
Nos hemos puesto de rodillas y le hemos rogado,
Todos nosotros, y la misma bella alma   130

Vaciló entre la aversión y la obediencia, sin
Saber por cuál inclinarse. Perdimos a su hijo
Para siempre, me temo. Milán y Nápoles han
Ganado más viudas con este asunto
Que hombres llevamos para consolarlas.   135
La culpa es suya.

ALONSO
Esta es la peor parte de la pérdida.

GONZALO   Mi señor Sebastián,
La verdad que profiere carece de delicadeza
Y oportunidad. Restriega la herida
Cuando debiese vendarla.   140

SEBASTIÁN
Muy bien.

ANTONIO   ¡Y como un cirujano!

GONZALO
Buen caballero, para todos hace mal tiempo
Cuando usted anda sombrío.

SEBASTIÁN   ¿Mal tiempo?

ANTONIO   Muy malo.

GONZALO
Mi señor, si yo tuviera una plantación en esta isla…

ANTONIO
La sembraría de ortigas.

SEBASTIÁN   O de malvas y acederas.   145

GONZALO
… y si yo fuera su rey, ¿qué haría?

SEBASTIÁN
Librarse de la borrachera, por falta de vino.

GONZALO
En esta república, al revés de lo que es habitual
Haría todas las cosas. Ningún tipo de comercio
Admitiría, ni nombraría magistrado alguno.   150

144 *Plantation* equivale al antiguo término para colonia o colonización, cuyo origen data
de los primeros asentamientos ingleses en Irlanda. Antonio y Sebastián lo usan en su
sentido más común de plantar o cultivar un jardín, pero evidentemente insinúan la
toma de posesión de la isla (Cfr. Lindley, 140; Verity, 143; Vaughans, 144).
148-57 El parlamento de Gonzalo sigue muy de cerca una parte del ensayo "Sobre los
caníbales", de Montaigne, en la traducción de Florio (ver n. 1.2.77). El idealismo de

Las letras serían desconocidas; nada de riquezas, pobreza
O servidumbre. Ni contratos, herencias,
Límites, divisiones de tierra, cultivos o viñedos.
Nada de metal, grano, vino o aceite;
Ninguna ocupación; todos los hombres ociosos, todos.   155
Y también las mujeres, aunque inocentes y castas.
Sin soberanía…

SEBASTIÁN   Y, sin embargo, él sería rey allí.

ANTONIO   El objetivo final de su república olvida
el principio.

GONZALO
Todo lo produciría la naturaleza para uso común,   160
Sin sudores ni fatigas. Ni traición, felonía,
Espada, pica, puñal, arcabuz o máquina alguna
Serían necesarias, pues la naturaleza daría
De sí abundantemente toda cosecha,
Para alimentar a mi inocente pueblo.   165

SEBASTIÁN   ¿No habría matrimonios entre sus súbditos?

ANTONIO   Ninguno, hombre, todos ociosos… putas y rufianes.

GONZALO
Gobernaría con tal perfección, señor,
Que superaría la Edad de Oro.

SEBASTIÁN
¡Salve, Su Majestad!

ANTONIO   ¡Larga vida a Gonzalo!   170

GONZALO
Y… ¿me escucha, señor?

ALONSO   No más, por favor.
Nada me dicen tus palabras.

Gonzalo refleja uno de los principales argumentos de Montaigne: la barbarie o el salvajismo no están determinados por el origen étnico de las personas, sino por su comportamiento (Cfr. Lindley, 144-61; Vaughans, 148-57).

148 *commonwealth* (república) no tiene traducción exacta al castellano. Según OED (I, p.484), a partir del siglo XVI, además de referirse al bien común, adquirió el sentido de una comunidad política que tiende al bien común o que comparte territorios y gobierno. En Inglaterra, el período de la *Commonwealth* o República se dio específicamente entre los años 1649 y 1659, cuando Oliver Cromwell gobernó en lugar del rey (Cfr. Lindley, 144; Vaughans, 148).

GONZALO   Tiene razón, Alteza. Pero si lo hice fue para
dar ocasión a estos caballeros, cuyos
pulmones son tan livianos y sensibles que suelen reírse   175
por nada.
ANTONIO   Era de usted de quien nos reíamos.
GONZALO   En esta especie de jocosa bufonada, yo soy nada
para ustedes. Así es que pueden continuar riéndose de nada.
ANTONIO   ¡Qué estocada fue esa!   180
SEBASTIÁN   Si no hubiese dado de flanco...
GONZALO   ¡Qué caballeros de espíritu más bravo! Podrían
remover la luna de su esfera si es que tardase
cinco semanas en cambiar.

Entra ARIEL *tocando música solemne.*

SEBASTIÁN   Ciertamente; y después, irnos a cazar murciélagos.   185
ANTONIO   ¡Eh, mi buen señor, sin enojos!
GONZALO   Se los aseguro, no arriesgaría mi
reputación por algo tan banal. Sus risas me adormecen y
eso que estoy somnoliento.
ANTONIO   A dormir, entonces, y a escucharnos reír.   190
    [*Todos se duermen excepto Alonso, Sebastián y Antonio.*]
ALONSO
¿Cómo, todos se han dormido? Desearía que mis ojos,
Al cerrarse, cerraran también mis pensamientos... Parecen
Inclinarse a ello...
SEBASTIÁN   Señor, le ruego
Que no rechace la ocasión que se le ofrece.
La pena visita rara vez; pero cuando lo hace,   195
Es un consuelo.
ANTONIO   Mi señor, nosotros dos
Cuidaremos de su persona mientras descansa,
Velando por su seguridad.

183 En el universo de Ptolomeo, cada planeta ocupa una esfera que gira alrededor de
la Tierra, siendo la luna el astro más cercano y cuya rotación es de cuatro semanas.
Gonzalo acusa la bravura de Sebastián y Antonio sugiriendo que serían capaces de
sacar a la luna de su órbita si se demorase una semana más en sus giros (Cfr. Lindley,
178-79; Vaughans, 183-84).

ALONSO   Gracias. Misterioso letargo...
                    [*Alonso se duerme. Sale Ariel.*]
SEBASTIÁN
  ¡Qué extraña somnolencia se apoderó de ellos!
ANTONIO
  Es el clima.
SEBASTIÁN   ¿Por qué,   200
  Entonces, no cierra también nuestros párpados? Yo no me
  Siento inclinado a dormir.
ANTONIO   Ni yo. Mis espíritus están activos.
  Todos se durmieron a la vez, como si lo hubieran acordado;
  Cayeron, como heridos por un rayo. ¿Qué sería...?
  ¡Ah, noble Sebastián! ¿Y si...? En fin...   205
  Y sin embargo, me parece ver en tu rostro
  Lo que podría ser... La ocasión te es propicia y
  Mi fértil imaginación ve una corona
  Bajando a tu cabeza.
SEBASTIÁN   ¿Cómo, estás despierto?
ANTONIO
* ¿Acaso no me escucha hablar?
SEBASTIÁN   Sí lo hago, y sin duda   210
  Es un lenguaje adormecido, como si hablaras
  En sueños. ¿Qué fue lo que dijiste?
  Extraño reposo es éste, dormir
  Con los ojos tan abiertos... De pie, hablando, moviéndose,
  Y sin embargo tan profundamente dormidos.
ANTONIO   Noble Sebastián,   215
* Dejas que tu fortuna duerma... que muera. Cierras
  Los ojos estando despierto.
SEBASTIÁN   Tú roncas con total nitidez.
  Hay sentido en tus ronquidos.
ANTONIO
* Estoy más serio que de costumbre. Usted
  Estará igual si me atiende, lo que te convertirá   220
  En tres veces grande.

221-28 Juego de sentidos e imágenes entre *standing water* (agua estancada), *flow* (fluir,
  ola, marea) y *ebb* (refluir, resaca). *Ebbing men, indeed, / Most often do so near the*

76

SEBASTIÁN   Bien, soy agua estancada.

ANTONIO

*   Y yo le enseñaré a fluir.

SEBASTIÁN   Hazlo. A refluir
Me invita una pereza hereditaria.

ANTONIO   ¡Oh,
Si supiera cuánto alienta el propósito
Mientras de él se burla! ¡Cómo, al desnudarlo,   225
Más lo viste! De hecho, los hombres débiles
Suelen varar tras la resaca
A causa del miedo o la pereza.

SEBASTIÁN   Prosigue, te lo ruego;
Tu cara y tu mirada tienen un aire que anuncia
Algo importante. Claro está, parir aquello   230
Te causará bastante dolor…

ANTONIO   Así es, señor.
Aunque este caballero de frágil memoria –éste;
Cuya memoria se debilitará aún más
Cuando esté bajo tierra– haya casi persuadido
(Pues es un espíritu de persuasión; solo   235
Se dedica a persuadir) al Rey de que su hijo está vivo,
Es tan imposible que no se haya ahogado
Como que nade ese que ahí duerme.

SEBASTIÁN   No tengo esperanza
De que haya sobrevivido.

ANTONIO   ¡Oh, de esa falta de esperanza
Qué gran esperanza nace! No tener esperanza en tal sentido   240
Es tenerla muy alta en otro; tanto, que incluso
La ambición no podría atisbar nada más encima
Sin poner en duda lo que percibe. ¿Conviene conmigo
En que Ferdinand se ha ahogado?

SEBASTIÁN   Está muerto.

ANTONIO   Entonces, dígame:
¿Quién es el heredero más próximo a Nápoles?

SEBASTIÁN   Claribel.   245

---

bottom run (226-27) compara metafóricamente a los hombres que pierden el poder
(al bajar la marea) y permanecen al fondo del mar por miedo o pereza (Cfr. Lindley,
218-24; Orgel, 219-21; Vaughans, 221-28; Verity, 227).

ANTONIO

>¡La que es reina de Túnez! ¡Esa que habita
>Diez leguas más allá de lo que un hombre puede viajar en
>/la vida! ¡La que de Nápoles
>No podrá recibir noticias, a menos que el sol sea el mensajero
>–Pues el hombre de la luna es demasiado lento–, hasta que
>/ las barbillas de los recién nacidos
>Estén ásperas y listas para afeitar! ¡Esa por quien   250
>A todos nos tragó el mar, aunque algunos fueron devueltos
>Y por ello destinados a representar un acto
>Donde el pasado es el prólogo y el resto
>Depende de sus acciones y de las mías!

SEBASTIÁN

>* ¡Qué tontería es esta! ¿Cómo es que ha dicho?   255
>Es verdad que la hija de mi hermano es reina de Túnez,
>Que también es heredera de Nápoles y que entre ambas
>/ regiones
>Hay cierto espacio...

ANTONIO   Un espacio donde cada codo

>Parece gritar: "¿Cómo podría esa Claribel
>Cruzarnos de regreso a Nápoles? Quédate en Túnez   260
>Y deja que Sebastián despierte". Suponga que fuese la muerte
>La que ahora ha cogido a estos... Y qué, no estarían peor
>De lo que están... Quizá alguno pueda gobernar Nápoles
>Tan bien como ese que ahí duerme; señores que chacharean
>De manera tan holgada e inútil   265
>Como el tal Gonzalo. Yo mismo podría hacer
>Hablar a un grajo con esa profundidad. ¡Oh, si pensara
>Como yo pienso! ¡Cuánto ayudaría este sueño
>A su progreso! ¿Me comprende?

SEBASTIÁN

>Me parece que sí.

ANTONIO   ¿Y cómo el deseo   270

>Recibe esta buena fortuna?

SEBASTIÁN   Yo recuerdo

>Que usted suplantó a su hermano Próspero.

ANTONIO   Es verdad.

>Y vea cuán bien me sientan mis vestiduras,
>Mucho mejor que antes. Los sirvientes de mi hermano

Eran entonces mis compañeros; ahora me obedecen. 275

SEBASTIÁN

    ¿Y en lo que respecta a su conciencia?

ANTONIO

    ¡Ah, señor! ¿Dónde queda eso? Si fuese un sabañón
    Tendría que usar pantuflas, mas no siento
    Tal deidad en mi pecho. ¡Aunque veinte conciencias
    Hubiese entre Milán y yo, que se cristalicen 280
    Y se fundan antes de perturbarme! He aquí a su hermano,
    No mejor que el suelo sobre el que descansa.
    Si fuera lo que parece ahora (o sea, un muerto),
    Yo, con esta dócil daga –con tres pulgadas de ella–
    Lo haría dormir para siempre. Usted puede imitarme 285
    Y conducir al perpetuo sueño de la muerte
    A este viejo bocado, a este Señor Prudencia, quien
    Ya no podrá reprochar nuestra conducta. En cuanto al resto,
    Caerá en la tentación como un gato lame la leche
    Y para cualquier asunto hará sonar su reloj 290
    A la hora que nosotros convengamos.

SEBASTIÁN   Tu caso, querido amigo,

*   Será mi modelo. Así como tomaste Milán,
    Yo me haré de Nápoles. ¡Desenvaina tu espada! Un golpe
    Te liberará del tributo que has pagado;
    Y yo, como rey, te amaré.

ANTONIO   Desenvainemos juntos. 295

    Y cuando alce mi mano, haga usted lo mismo
    Para caer sobre Gonzalo.

SEBASTIÁN   Oh, pero una palabra más…

Entra ARIEL *con música y canción.*

ARIEL

    A través de su magia, mi amo ha previsto el peligro
    En que usted, su amigo, se encuentra. Y me envía
    (Pues de otro modo su proyecto fracasa) a mantenerlos con
                                 / vida. 300

Canta al oído de Gonzalo.

Mientras aquí roncando yace,
El ojo abierto de la conspiración
Aguarda la hora precisa.
Si de la vida algún cuidado tiene,
Sacuda los sueños y vigile.   305
¡A despertar, a despertar!
ANTONIO
Entonces, no perdamos más tiempo.
GONZALO [*Despierta.*]
¡Oh, ángeles de bondad, salven al Rey!
ALONSO [*Despierta.*]
¿Qué? ¿Cómo? ¡Oh! ¡Despierten! ¿Por qué han
/ desenvainado?
¿A qué se deben esas miradas de terror?
GONZALO   ¿Qué sucede?   310
SEBASTIÁN
Mientras estábamos aquí velando su reposo,
Oímos de pronto feroces rugidos, como bramidos
De toros… O más bien de leones. ¿No le despertaron?
Resonaron en mis oídos de la manera más terrible.
ALONSO   No oí nada.
ANTONIO
Oh, era un ruido como para espantar las orejas de un
/ monstruo…   315
¡Para provocar un terremoto! Seguro era el rugido
De una manada completa de leones.
ALONSO   ¿Escuchó eso, Gonzalo?
GONZALO
Por mi honor, señor, escuché un zumbido
Muy extraño en verdad, y que me despertó.
Lo remecí a usted, señor, y grité. Cuando abrí los ojos   320

301-06:

> While you here do snoring lie,
> Open-eyed conspiracy
> His time doth take.
> If of life you keep a care,
> Shake off slumber and beware.
> Awake, awake!

Vi sus espadas desenvainadas. Hubo un sonido,
Es verdad... Será mejor mantenernos en guardia
O abandonar este lugar. Desenvainemos todos.

ALONSO

Vayámonos de aquí y prosigamos la búsqueda
De mi pobre hijo.

GONZALO   Que los cielos lo protejan de estas bestias; 325
Pues él, de seguro, está en la isla.

ALONSO   Vamos.

ARIEL

Próspero, mi amo, sabrá lo que he hecho.
Ve pues, Rey, tranquilo en busca de tu hijo.

Salen.

81

2.2   *Entra* CALIBÁN *con una carga de leña;*
                       se oye un ruido de truenos.

CALIBÁN
    ¡Que todas las infecciones que absorbe el sol
    Desde las ciénagas, charcas y pantanos caigan sobre Próspero
    Y lo pudran por pedazos! Sus espíritus me escuchan
    Y sin embargo necesito maldecirlo. Ninguno de ellos me
                            / pincharía
    Ni me asustaría soltándome duendes; no me hundiría en el
                            / barro   5
    Ni me conduciría como una antorcha en la oscuridad
    Lejos de mi camino, si él no lo ordenase. Pero
    Por cualquier tontería los lanza contra mí.
    A veces me hacen muecas como los simios y me hablan,
    Y después me muerden; luego, cual puercoespines que   10
    Se revolcaran sobre el camino por el que voy descalzo, erizan
    Sus púas bajos mis pies. A veces estoy
    Entero trenzado de serpientes, que con sus lenguas bífidas
    Sisean hasta volverme loco. Oh… ¿y ahora qué?

               Entra TRÍNCULO.

    Aquí viene a atormentarme uno de sus espíritus   15
    Porque me tardo en llevar la leña. Me tenderé boca abajo;
    Quizá así no me vea.
TRÍNCULO   Aquí no hay matorrales ni arbustos para guarecerse
    del clima y otra tormenta se avecina: la oigo cantar
    en el viento. Sobre esa misma nube negra y enorme parece   20
    como si un odre roto fuera a derramar su licor. Si

---

1   *infections* o infecciones [contagiosas]: alusión a la extendida creencia renacentista de
    que las infecciones eran acarreadas por la niebla y desaparecían cuando salía el sol.
    El aire contaminado se reconocía por su mal olor (Cfr. Lindley y Vaughans, 1).
6   *firebrand* (antorcha): en sentido literal, refiere a un trozo de madera que se usa para
    encender el fuego; o a la luz fosforescente y efímera que se produce naturalmente
    por la combustión de gas inflamable derivado de material vegetal. Popularmente,
    este fuego fatuo se conocía con el nombre de *Will-o'-the-Wisp* o *Jack-o'-Lanthorn*,
    pues supuestamente los espíritus malvados despistaban o engañaban a los caminan-
    tes con él, desviándolos de su ruta (Cfr. Lindley, Orgel y Vaughans, 6; Verity 6-7;
    Mulgan, p. 259).

truena como antes, no sé dónde voy a esconder
mi cabeza. La nube esa hará llover a
cántaros. [*Ve a Calibán.*] ¿Qué tenemos aquí, un hombre o un
pez? ¿Muerto o vivo? ¡Un pez! Huele como a pez; un aroma   25
a pescado rancio, como de merluza salada, y no de las más
/ frescas
que digamos. ¡Extraño pez! Si estuviera ahora en Inglaterra
(como en cierta ocasión) e hiciese pintar este pez, ni el más
/ tonto
veraneante pagaría por él una pieza de plata. Allí, este
monstruo haría la fortuna de un hombre; cualquier bestia
/ extraña   30
lo haría. Aunque no darían un centavo por aliviar a un
/ mendigo
cojo, desembolsarían diez con tal de ver un indio muerto.
/ ¡Tiene
piernas humanas y sus aletas parecen brazos! ¡Y juro que
/ está caliente!
Ahora cambio de opinión y me desdigo: esto no es
un pescado sino un isleño recientemente partido por   35
un rayo. ¡Ah, la tormenta se acerca de nuevo! Lo mejor que
/ puedo
hacer es esconderme bajo este capote, no hay otro
refugio en ningún lado. ¡La miseria brinda al hombre

---

26 Se llamaba *poor-John* a la merluza seca y salada, dieta bastante común entre los más
pobres de aquella época (Cfr. Lindley, 25; Orgel, 26; Vaughans, 27).

28 Como una forma de publicidad, en la era isabelina se solían pintar diferentes artículos de venta en letreros o carteles, generalmente de madera, para ser colgados tanto
fuera de los negocios como a la entrada de las ferias, para atraer así a los clientes.
En Londres, las mejores novedades se exhibían en Fleet Street. Al querer pintar a
Calibán como un pez, Tríngulo pretende mostrarlo como un producto exótico y
sacar provecho económico de él (Cfr. Lindley, 26; Vaughans, 28; Verity, 29).

32 *dead Indian*: ver un indio muerto era posible en la Inglaterra de Shakespeare. En
1577, el explorador inglés Martin Frobisher fue el primero en traerlos desde Norte
América. Raleigh también lo hizo desde las Guyanas. Las exhibiciones públicas de
nativos fueron comunes en la época. Muchos murieron de gripe a causa del frío;
de ahí la expresión de Tríngulo. Editores de *Tem* han identificado a Calibán con un
indio americano, al relacionar la isla de Próspero con la entonces recién colonizada
Virginia (aunque, según la obra, estaría en algún lugar entre Nápoles y Túnez, en
pleno Mediterráneo (Cfr. Vaughans, 32; Verity, 33-34).

extraños compañeros de cama! Me cobijaré aquí hasta que
/ las últimas
gotas de la tormenta hayan pasado.   40

Entra STEFANO, *cantando.*

STEFANO

No iré más al mar, al mar…
En esta orilla moriré.
Esta es una canción muy triste para cantarla en un funeral.
Bueno, he aquí mi consuelo.   *Bebe* [*y luego*] *canta.*
El capitán, el fregón, el contramaestre y yo,   45
El artillero y su compañero,
Amábamos a Mall, Meg y Marian y Margery,
Pero ninguno se ocupó de Kate.
Como su lengua era filosa,
Podía gritar al marino "¡A la horca!"   50
No le gustaba el olor de la brea ni del alquitrán,
Pero un sastre podía rascarle donde le picase.
¡Ahora a la mar, muchachos, y que ella se vaya al diablo!
Esta también es una canción muy triste, pero he aquí mi
/ consuelo.
Bebe.

41-42 Entra Stefano cantando, bastante borracho:
I shall no more to sea, to sea,
Here shall I die ashore.
45-53 Después de beber otro poco de licor, Stefano sigue cantando. Lindley anota que
los nombres de las mujeres corresponden a sobrenombres característicos de prosti-
tutas de la época, hecho que calza con los matices de sensualidad y doble sentido
que la canción expresa (Cfr. Lindley, 41-49):
The master, the swabber, the boatswain and I;
The gunner and his mate,
Loved Mall, Meg, and Marian, and Margery,
But none of us cared for Kate.
For she had a tongue with a tang,
Would cry to a sailor, 'Go hang!'
She loved not the savour of tar nor of pitch,
Yet a tailor might scratch her where'er she did itch.
Then to sea, boys, and let her go hang!

CALIBÁN ¡No me atormentes! ¡Oh!   55

STEFANO ¿Qué pasa? ¿Hay demonios aquí? ¿Quieren
asustarme con indios nativos y con salvajes? ¡Ja!
No me libré de un naufragio para temer ahora a tus
cuatro patas. Pues se ha dicho: "Nunca hubo hombre
de cuatro piernas al que no debiera cedérsele el paso". Y   60
eso se seguirá sosteniendo mientras Stefano respire por
la nariz.

CALIBÁN   ¡Los espíritus me atormentan! ¡Oh!

STEFANO Este es algún monstruo de la isla, de cuatro
patas. Y que sufre, a lo que parece, de tercianas. ¿Dónde
/ diablos 65
aprendería nuestro idioma? Le daré algún
alivio, aunque solo sea por eso. Si logro reanimarlo,
domesticarlo y llevarlo a Nápoles conmigo, digno presente
/ será
para cualquier emperador que haya caminado en cueros de
/ vaca.

CALIBÁN No me atormentes, te lo ruego. Debo llevar la leña 70
a casa deprisa.

STEFANO Ahora le ha dado un ataque y solo dice
tonterías. Debería probar de mi botella. Si nunca antes
bebió vino, le ayudará a calmar su ataque. ¡Si logro
reanimarlo y domesticarlo, nunca me darán lo suficiente   75
por él! Quienquiera que lo compre pagará muy caro…
Y mucho más que eso.

CALIBÁN Todavía no me has hecho gran daño, pero lo harás
pronto… Lo noto en tus temblores. Ahora Próspero actúa
sobre ti.   80

STEFANO ¡Ven acá y abre la boca! He aquí
lo que te hará hablar, gato. ¡Abre tu

---

69   *that ever trod on neat's leather*: del proverbio *As good a man as ever trod on shoe*
(neat's) leather (as ever went on legs). Alude a utilizar zapatos de cuero, finos y sua-
ves. Para fomentar la industria nacional, los ingleses promovían el uso de cuero de
vaca y de este modo relegaban el producto español. (Cfr. Vaughans, 68-69).

81-82 *Here / Is what will give language to you, cat*: del proverbio *Liquor will make a cat*
speak ("La buena bebida hace hablar hasta a un gato"). En este caso, la bebida hará
hablar a un monstruo (Cfr. Lindley, 72-73; Vaughans, 81-82).

boca! Esto sacudirá tus temblores, te lo aseguro, y
con creces. [*Vierte licor en la boca de Calibán.*] ¿Acaso
no conoces a tus amigos? Abre tus mandíbulas otra vez.   85

TRÍNCULO   Reconozco esa voz. Debe ser... Pero
se ha ahogado y estos son demonios. ¡Oh, auxilio!

STEFANO   Cuatro patas y dos voces... ¡Un monstruo muy
refinado! Su voz delantera le sirve para hablar bien de
los amigos, la trasera para proferir malas palabras y   90
desprecios. Si todo el vino de mi botella sirve para reanimarlo,
aliviaré sus tercianas. ¡Venga! ¡Amén! Echaré algo por
tu otra boca.

TRÍNCULO   ¡Stefano!

STEFANO   ¿Es tu otra boca la que me nombra? ¡Piedad,   95
piedad! Esto no es un monstruo sino un demonio. Lo dejaré;
no tengo cucharón.

TRÍNCULO   ¿Stefano? Si eres Stefano, tócame
y háblame. ¡Soy Trínculo! No temas... Tu
buen amigo Trínculo.   100

STEFANO   Si eres Trínculo, acércate. Te tiraré
de las piernas más cortas. Si algunas de estas piernas son de
                                                          / Trínculo,
éstas son. [*Lo tira de debajo del capote.*] ¡Eres
el verdadero Trínculo, sin duda! ¿Cómo llegaste a ser la feca
de este engendro? ¿Acaso expele Trínculos?   105

TRÍNCULO   Pensé que lo había partido un rayo.
¿Pero no estás ahogado, Stefano? Ojalá que ahora
no estés ahogado. ¿Se calmó la tempestad? Me oculté
bajo el capote del engendro muerto por miedo a la

---

84   [*Pours into Caliban's mouth.*]: Nos hemos tomado la libertad de agregar el sustantivo (complemento directo del verbo), omitido en la acotación en inglés, para su
mejor comprensión en castellano: [*Vierte licor en la boca de Calibán.*].

97   *I have no long spoon*: del proverbio *He must have a long spoon that will eat with the
devil* ("Quien va a comer con el diablo debe tener una cuchara larga"). Según anota
Verity, Demonio y Vicio eran personajes típicos de los autos sacramentales (*morality
plays*); y parte de su elemento humorístico consistía en que comieran de la misma
olla, uno a cada lado, con una cuchara larga o cucharón (Cfr. Verity, 102-03).

105 *mooncalf* o engendro de la luna. Criatura monstruosa, supuestamente formada por
el efecto de la luna llena al momento del parto. Lindley y Orgel anotan que el término también puede aludir a un tonto de nacimiento o a un idiota (Cfr. Lindley, 91;
Orgel, 102; Vaughans, 105).

tempestad. ¿Y estás vivo, Stefano? ¡Oh, Stefano, dos   110
napolitanos sanos y salvos!

STEFANO Por favor, no me des vueltas; mi estómago no
está firme.

CALIBÁN
Bellos seres serían estos si no fueran espíritus.
Aquel es un dios hermoso y posee un licor celestial.   115
Me arrodillaré ante él.

STEFANO ¿Cómo te salvaste? ¿Cómo llegaste hasta
acá? Jura por esta botella cómo llegaste hasta acá. Yo
me salvé sobre un barril de jerez que los marineros tiraron
por la borda… Por esta botella, lo hice con la corteza de   120
un árbol, con mis propias manos, cuando llegué a la orilla.

CALIBÁN Y yo juro por esa botella ser tu súbdito fiel,
pues ese licor no es terreno.

STEFANO Aquí, jura entonces cómo es que te salvaste.

TRÍNCULO Nadé hasta la orilla, hombre, como un pato. Soy capaz   125
de nadar como un pato, podría jurarlo.

STEFANO Aquí, besa el libro.   *[Trínculo bebe.]*
Aunque puedas nadar como un pato, pareces
un ganso.

TRÍNCULO ¡Oh, Stefano!, ¿tienes más de eso?   130

STEFANO Todo el barril, hombre. Mi bodega está en una roca
a orillas del mar, donde tengo el vino escondido. Y bien,
engendro, ¿cómo van esas tercianas?

CALIBÁN ¿Acaso no has caído del cielo?

STEFANO De la luna, te lo aseguro. Yo fui el   135
hombre de la luna mucho tiempo atrás.

CALIBÁN
¡Te he visto en ella y te adoro!
Mi señora me lo mostró, y a tu perro y a tu atado de ramitas.

---

127 *kiss the book*: Stefano llama libro a su botella, en una alusión algo blasfema a la
Biblia, que habitualmente se besa para sellar un juramento (Cfr. Lindley, 109;
Vaughans, 137).

138 Leyenda popular, o superstición, según la cual un hombre habría desobedecido las
leyes del Sabbath al recolectar ramitas para el fuego (*bundle of kindling*) un domin-
go. En castigo, habría sido desterrado a vivir en la luna con su perro y sus ramitas.
Como sugiere Lindley, la creencia de Calibán denota la simpleza de su mente (Cfr.
Lindley, 119; Orgel, 132-35; Vaughans, 138).

STEFANO   Vamos, jura por eso. Besa el libro. Le voy
a agregar ya mismo nuevos contenidos. ¡Jura!   140

[*Calibán bebe.*]

TRÍNCULO   ¡Por la luz del sol, este monstruo es muy
bobo! ¿Yo temerle a él? ¿A un monstruo tan enclenque? ¿El
hombre de la luna? ¡Pobre monstruo crédulo! ¡Gran
sorbo, monstruo, en verdad!

CALIBÁN
Te mostraré cada rincón fértil de la isla   145
Y besaré tus pies. Te lo ruego, sé mi dios.

TRÍNCULO   Por la luz, este es el más pérfido y borracho
de los monstruos. Cuando su dios se duerma, le robará la
                                                    / botella.

CALIBÁN
Besaré tus pies. Juraré ser tu esclavo.

STEFANO   Venga, entonces, abajo y jura.   150

TRÍNCULO   Me muero de la risa con este estúpido
monstruo. Qué monstruo más patético. Me dan
ganas de golpearlo…

STEFANO   Vamos, besa.

TRÍNCULO   Aunque el pobre monstruo está borracho. ¡Qué   155
monstruo abominable!

CALIBÁN
Te mostraré los manantiales más dulces; cogeré fresas para ti;
Pescaré para ti y traeré para ti abundante leña.
¡Que una peste caiga sobre el tirano a quien sirvo!
No cargaré más palos para él y te seguiré a ti,   160
Hombre maravilloso.

TRÍNCULO   Qué monstruo más ridículo… ¡Hacer
de un pobre borracho una maravilla!

151-52   La expresión *puppy-headed monster* significa, literalmente, estúpido. Trínculo
parece indicar que Calibán tiene cara de tonto, no que su aspecto es el de un cacho-
rro con orejas caídas. Lindley agrega que este sobrenombre aparece en una leyenda
sobre el origen etimológico del término *cannibal* (caníbal) desde el latín *canis* (perro), donde se les representaba como hombres con cabeza de perro devorando seres
humanos (Cfr. Lindley, 131; Vaughans, 151-52).

CALIBÁN

Te lo ruego, déjame llevarte donde brotan las manzanas,
Y con mis largas uñas arrancar trufas para ti. 165
Te mostraré el nido del arrendajo y te enseñaré cómo
Ponerle trampas al pequeño y ágil mono. Te llevaré a
Los racimos de avellanas y algunas veces traeré para ti
Mariscos frescos desde las rocas. ¿Vendrás conmigo?

STEFANO Ahora te ruego que nos muestres el camino y no 170
hables más. Trínculo, como el Rey y nuestros demás compañeros
se ahogaron, tomaremos posesión del lugar. Aquí, sostén mi
botella. Amigo Trínculo, esto lo llenaremos una y otra vez.

CALIBÁN (*Canta borracho.*)
    ¡Adiós, amo; adiós, adiós!

TRÍNCULO ¡Un monstruo aullador, un monstruo borracho! 175

CALIBÁN

No haré más trampas para peces,
Ni cogeré más leña para el fuego.

164-169 Pasaje muy discutido, por el significado de algunas palabras. Por ejemplo, *crabs*
o *crabapples*, que pueden ser tanto pequeñas manzanas silvestres como crustáceos;
pig-nuts, que son unos tubérculos comestibles o bien trufas. Curiosamente, Calibán
también nombra el nido del arrendajo o *jay*, ave nada preciada por su carne sino
por su plumaje. Así, es probable que se refiera a sus huevos, aunque tampoco eran
conocidos por su buen sabor. El pequeño mono o *marmoset* era tenido por buena
carne y los racimos de avellanas o *filberts* por ser agradables al paladar. Sin embargo,
no existe acuerdo entre los editores con respecto a *scamels*, uno de los términos
más problemáticos de *Tem*, ya que solo aparece en esta obra de Shakespeare. Es
posible que su ortografía se deba a un error en el manuscrito de Ralph Crane o a
algún accidente en el proceso de composición e impresión de F. La mención de una
roca parece exigir la referencia a crustáceos, a aves que se alimenten de éstos, o a
algún pez que habite cerca de roquerios. Si se tratase de un ave, ésta podría ser un
seamel, variante de *sea-mell* o *sea-mew*, utilizado para un tipo de gaviota (*sea-gull*).
Si *scamels* viniera del francés *squamelle* (que posee pequeñas escamas), o de las
descripciones de indios de la Patagonia que comían unos peces diminutos muy es-
camosos (*fort scameux*), se trataría de algún molusco o marisco. El significado exacto
de esta palabra sigue siendo un misterio. Nosotros hemos optado por marisco, pues
nos parece más apropiado al contexto (Cfr. Lindley, "Textual Analysis", p. 230 y n. a
vv. 144-49; Orgel, 161-66; Vaughans, 164-69).

174 Calibán, borracho, canta la supuesta despedida de Próspero, su amo:
    Farewell, master; farewell, farewell!

176-80 Calibán sigue con su canto y enumera algunas de las tareas domésticas que
espera dejar de realizar cuando cambie de amo. El juego de sonidos que hace con
su propio nombre puede obedecer a un intento de dar ritmo a la melodía, o simplemente a su estado de ebriedad (Cfr. Vaughans, 176-78):

No más fregar tablas ni lavar platos.
Ban, ban, Ca-calibán,
¡Tiene un nuevo amo! ¡Búscate otro siervo! 180
¡Libertad, fiesta! ¡Fiesta, libertad! ¡Libertad, fiesta, libertad!
STEFANO   ¡Oh, noble monstruo, muéstranos el camino!

Salen.

No more dams I'll make for fish,
Nor fetch in firing at requiring,
Nor scrape trenchering, nor wash dish.
    Ban' ban' Ca-caliban,
    Has a new master, get a new man.

3.1   *Entra* FERDINAND, *cargando un leño.*

FERDINAND
    Hay pasatiempos penosos, pero que realizarlos brinda
    Un deleite superior. Ciertas tareas serviles
    Pueden llevarse noblemente, y muchos pobres asuntos
    Conducen a ricos fines. Esta, mi humilde tarea,
    Me resulta tan pesada como odiosa; pero   5
    La dama a quien sirvo vivifica lo que está muerto
    Y convierte mis trabajos en placeres. ¡Oh, ella es
    Diez veces más gentil que su irritable padre,
    Todo hecho de aspereza! Debo transportar
    Algunos miles de estos leños y apilarlos,   10
    Según estrictas órdenes. Mi dulce dama
    Llora mientras me ve trabajar y dice que una servidumbre así
    Jamás tuvo tal servidor… Lo había olvidado.
    Y es que estos dulces pensamientos alivian tanto mi labor,
    Que me ocupo más de ellos que de mis ocupaciones.

                    Entran MIRANDA *y* PRÓSPERO
                    [*A cierta distancia, sin ser visto*].

MIRANDA   ¡Ay, le
                                        / ruego que 15
    No trabaje tan duro! ¡Desearía que el rayo hubiese
    Quemado estos leños que le han ordenado apilar!
    Por favor déjelos y descanse. Cuando esto arda,
    Llorará por haberle fatigado. Mi padre
    Está enfrascado en el estudio. Por favor ahora descanse,   20
    Pues estará ocupado allí las próximas tres horas.
FERDINAND   Oh, la más
                                        / dulce dama,
    El sol se pondrá antes de que termine
    Lo que con tanto esfuerzo debo realizar.
MIRANDA   Si se sienta,
    Yo cargaré sus leños un momento. Deme ese, se lo ruego;
    Lo llevaré hasta la pila.
FERDINAND   No, preciosa criatura.   25
    Preferiría romperme las articulaciones y partirme la espalda

91

Antes que hacerle sufrir tal deshonor
Mientras yo me siento aquí, ocioso.
MIRANDA   Yo podría resistirlo
Tan bien como usted y hasta lo haría con
Mucha más facilidad, pues estoy dispuesta a ello,   30
Mientras que a usted le ofende.
PRÓSPERO [*Aparte*]   ¡Pobre gusanillo, estás
                                            / contagiada!
Esta visita lo demuestra.
MIRANDA   Se ve fatigado.
FERDINAND
No, noble dama. Para mí todavía es la fresca mañana
Cuando usted, de noche, está cerca. Se lo suplico…
Sobre todo para tenerlo en mis oraciones…   35
¿Cuál es su nombre?
MIRANDA   Miranda… ¡Oh, padre mío!
¡Al decir eso he desobedecido su mandato!
FERDINAND   ¡Admirada Miranda!
¡Ciertamente la más admirada, digna de lo
Más valioso que hay en el mundo! A muchas mujeres
Consideré con atención, y más de una vez   40
La armonía de sus voces cautivó
Mi diligente oído. Por diferentes virtudes
Quise a diversas mujeres, pero nunca
Con el alma tan plena como para no ver el defecto
Que desafiaba su más noble gracia   45
* Y que, al fin, las derrotaba. ¡Pero tú, oh tú,
Tan perfecta y tan incomparable, fuiste creada
Con lo mejor de cada criatura!
MIRANDA   No conozco
A ninguna de mi sexo, ni recuerdo rostro alguno de mujer…
Excepto el del espejo, el mío propio… Ni he visto tampoco   50
A quien pueda llamar hombre salvo a usted, buen amigo,

---

32 *visitation*: la visita de Miranda a Ferdinand. Pero también tiene las connotaciones
     del comienzo de una plaga (que visita y contagia a Miranda con el virus del amor),
     o una visita de caridad; costumbre de la época que consistía en enviar un visitador
     o sacerdote de la parroquia para verificar el estado de un enfermo y darle consuelo
     (Cfr. Lindley, 33; Vaughans, 32).

Y a mi querido padre. De qué forma son en otros lugares,
Lo ignoro por completo... Pero, por mi pureza
–Que es la joya de mi dote–, no desearía
Por compañero a nadie más que a usted en el mundo;   55
Pues tampoco parece que la imaginación pueda concebir
/ una forma
Que me complazca, aparte de la suya... Pero me expreso
Con demasiada ligereza y así los mandatos de mi padre
Olvido.

FERDINAND   Yo por mi condición soy
Un príncipe, Miranda, y acaso hasta sea rey   60
(¡Ojalá no fuera así!). Y no soportaría
Esta leñosa esclavitud más de lo que le permitiría
A la moscarda aovar en mi boca. Escuche hablar a mi alma:
Desde el instante mismo en que la vi,
Mi corazón voló a su servicio y allí habita   65
Para hacerme esclavo suyo; y, por su amor,
Soy ahora este resignado hombre de leña.

MIRANDA   ¿Usted me ama?

FERDINAND
¡Oh cielo, oh tierra, sean testigos de este sonido
Y coronen lo que profeso con buena fortuna
Si es que digo la verdad! ¡Si es falso, tornen   70
En desgracia lo mejor que se me ha prometido! Yo,
Más allá de los límites de lo que exista en este mundo,
La amo, la aprecio y la honro.

MIRANDA   Soy una tonta
Al llorar por aquello que me hace feliz.

PRÓSPERO [*Aparte*]   ¡Bello encuentro
Entre dos raros afectos! ¡Que los cielos lluevan gracia   75
Sobre lo que entre ellos germina!

FERDINAND   ¿Por qué llora, entonces?

---

63   *flesh-fly*: seria la moscarda de la carne, de la familia de los sarcofágidos o *Sarcopha-*
     gidae. Según la RAE: "(De *mosca* y *-arda*). 1. f. Especie de mosca de unos ocho mi-
     límetros de largo, de color ceniciento, con una mancha dorada en la parte anterior
     de la cabeza, ojos encarnados, rayas negras en el tórax, y cuadros parduscos en el
     abdomen. Se alimenta de carne muerta, sobre la cual deposita la hembra las larvas
     ya nacidas".

MIRANDA

    Por mi indignidad, que no se atreve a ofrecer
    Aquello que desea entregar y menos aún a tomar
    Aquello que muere por poseer... Pero es una tontería.
    Pues mientras más intenta ocultarse,   80
    Más grande se muestra. ¡Fuera, tímida astucia!
    ¡Muéveme, inocencia santa y pura!
    Soy su esposa, si quiere casarse conmigo;
    Si no, moriré como su doncella. Como compañera
    Puede rechazarme, pero seré su sirvienta   85
    Lo quiera usted o no.

FERDINAND   Mi dama, la más amada,
    Así me rindo para siempre.

MIRANDA

    ¿Mi esposo entonces?

FERDINAND   Ah, con un corazón tan deseoso
    Como el cautivo de su libertad. Aquí está mi mano.

MIRANDA

    Y aquí la mía, con mi corazón dentro. Y ahora adiós,   90
    Hasta dentro de media hora.

FERDINAND   ¡Miles de miles!

Salen [*Miranda y Ferdinand*].

PRÓSPERO

    No puedo estar tan feliz por esto como ellos,
    Que los tiene maravillados; pero mi regocijo
    No podría ser mayor. Vuelvo a mi libro,
    Pues antes de la hora de la cena debo ejecutar   95
    Varios asuntos de importancia.

Sale.

---

91   Ferdinand se refiere a un millón de despedidas o suspiros (Cfr. Vaughans, 91).

3.2   *Entran* CALIBÁN, STEFANO y TRÍNCULO.

STEFANO No me digas más. Cuando el barril se acabe
beberemos agua, ni una gota antes. Entonces, avanzar y
al abordaje. Sirviente monstruo, bebe por mí.
TRÍNCULO ¿Sirviente monstruo? ¡El loquerío de esta isla!
Dicen que no son más de cinco; henos aquí tres de   5
ellos. Si los otros dos tienen el mismo cerebro, el Estado
                                              / tambalea.
STEFANO Bebe cuando te lo ordeno, sirviente monstruo. Tienes
los ojos como incrustados en la cabeza.
TRÍNCULO ¿Y dónde debería tenerlos incrustados, si no? Sería un
monstruo espléndido, por cierto, si los tuviera encajados en
                                              / la cola.   10
STEFANO Mi hombre-monstruo ha ahogado su lengua
en jerez. En cuanto a mí, ni el mar puede ahogarme. Nadé,
hasta que alcancé la orilla, treinta y cinco leguas por aquí
y por allá. ¡Por esta luz que serás mi lugarteniente,
monstruo, o mi portaestandarte!   15
TRÍNCULO Tu lugarteniente si quieres, pero éste no levanta nada.
STEFANO No nos rendiremos, Monsieur Monstruo.
TRÍNCULO Ni tampoco huirán. Aunque como perros se echarán
                                              / una mentira
sin decir nada, tampoco.
STEFANO Engendro, habla por una vez en tu vida, si es que eres 20
un buen engendro.

15-16 Juego de palabras entre *standard* (estandarte o portaestandarte) refiriéndose en
ambos casos a una persona, y *no standard*, que no puede estar en una posición recta
pues se tambalea por la borrachera. El término también puede significar el mástil
que porta la bandera. La raíz común *stand*, estar de pie o levantarse, es irreproducible en castellano. Algunos editores ven en este pasaje una connotación sexual, pues
los personajes comentan que Calibán no es capaz de levantar nada. Además, en v.
17, el verbo *run* (correr) podría entenderse como dejar correr el agua y en ese caso
se ajustaría más al posible doble sentido. (Cfr. Ingberg, n. 94; Vaughans, 15-6).
17 *Monsieur* (señor). En francés en el original.
18 Siguiendo el doble sentido de los vv. 15-17, Trí](culo juega con el verbo *lie*; cuyas
dos acepciones son yacer y mentir. Si la expresión *lie like dogs* se entiende en su
raíz proverbial de yacer o echarse juntos como perros, ciertamente continuaría la
alusión sexual. Pero, al parecer, lo que Trí](culo quiere decir calza mejor con la idea
de echarse una mentira. (Cfr. Ingberg, n. 96; Lindley, 17; Vaughans, 18).

CALIBÁN   ¿Cómo está tu señoría? Deja que lama tu zapato. No
lo serviré a él, que no es valiente.

TRÍNCULO   Mientes, monstruo ignorante. Estoy en condiciones
de empujar a un alguacil. ¿Por qué lo haces, pez corrupto?   25
¿Tú? ¿Hubo alguna vez un hombre cobarde que haya bebido
tanto jerez como yo hoy? ¿Vas a decir una monstruosa mentira,
siendo mitad pescado y mitad monstruo?

CALIBÁN   Oh, cómo se burla de mí. ¿Se lo permitirás, mi señor?

TRÍNCULO   ¡"Señor", dice! ¡Que un monstruo pueda ser   30
tan imbécil!

CALIBÁN   ¡Oh, oh, otra vez! Muérdelo hasta matarlo, te lo ruego.

STEFANO   Trínculo, ten cuidado con lo que dices. Si
resultas ser un amotinado, ¡te cuelgo del próximo árbol! El
                                                    / pobre
monstruo es mi súbdito y no debe tratársele indignamente.   35

CALIBÁN   Agradezco a mi noble señor. ¿Te complacería
prestar oídos una vez más a la súplica que te hice?

STEFANO   ¡Por la Virgen, lo haré! Arrodíllate y repítelo. Yo
me levantaré y Trínculo hará lo mismo.

Entra ARIEL, *invisible.*

CALIBÁN

Como te dije antes, soy súbdito de un tirano,   40
Un hechicero, que con su astucia me ha
Timado esta isla.

ARIEL [*Con voz de Trínculo*]
Mientes.

CALIBÁN   ¡Mientes tú, mono bufón, tú!
Desearía que mi valiente amo te destruyera.
Yo no miento.   45

STEFANO   Trínculo, si interrumpes una vez más su
historia, por esta mano que te sacaré algunos dientes.

TRÍNCULO   ¿Qué? ¡No he dicho nada!

STEFANO   Silencio, entonces, y basta. Prosigue.

33   *keep a good tongue in your head*: expresión proverbial que significa ser cuidadoso con
lo que se dice o hablar con propiedad (Cfr. Lindley, 30; Vaughans, 33).
40   Calibán comienza aquí a hablar en verso nuevamente.

CALIBÁN

Digo que por hechicería obtuvo esta isla.   50
De mí la obtuvo. Si tu grandeza quisiera
Tomar venganza en él… Sé que te atreverías,
Aunque esta cosa no se atreva…

STEFANO   Eso es muy cierto.

CALIBÁN

Podrías ser su dueño y yo te serviría.   55

STEFANO   ¿Y cómo sería eso posible? ¿Puedes
llevarme ante quien corresponda?

CALIBÁN

Sí, sí, mi señor, te lo entregaré mientras duerme,
Y podrás martillarle un clavo en la cabeza.

ARIEL [*Con voz de Trínculo*] Mientes, tú no puedes.   60

CALIBÁN

¡Qué tonto colorinche es éste! ¡Tú, patético bufón!
Ruego a tu grandeza, golpéalo
Y quítale la botella. Cuando eso se haya acabado
No beberá más que agua de mar, pues no le enseñaré
Dónde están los frescos manantiales.   65

STEFANO   Trínculo, no te metas en más problemas.
Interrumpe al monstruo con una palabra más y por esta
mano que tiraré mi compasión por la ventana y haré
de ti un arenque salado y seco.

TRÍNCULO   ¿Por qué? ¿Qué hice? No hice nada. Voy a ponerme   70
más lejos.

STEFANO   ¿Acaso no dijiste que él mentía?

ARIEL [*Con voz de Trínculo*] Tú mientes.

STEFANO   ¿Yo miento? ¡Toma esto! [*Golpea a Trínculo.*] ¡Si
te gustó, trátame de mentiroso otra vez!   75

TRÍNCULO   No te traté a ti de mentiroso. ¿Has perdido el juicio y
también el oído? ¡Que se pudra tu botella! Esto es lo que el
                                                    / jerez y
la bebida logran. ¡Que tu monstruo se apeste y que el diablo
te saque los dedos!

CALIBÁN   ¡Ja, ja, ja!   80

---

61   *pied ninny*: ropas multicolores utilizadas por un bufón; en este caso, Trínculo (Cfr.
Vaughans, 61).

STEFANO   Ahora, prosigue con tu historia. [*A Tríneulo*]
   Por favor, ponte más lejos.
CALIBÁN
   Golpéalo más; dentro de poco
   Yo también lo golpearé.
STEFANO [*A Tríneulo*] Más lejos. [*A Calibán*] Vamos,   85
   continúa.
CALIBÁN
   Que, como te decía, él tiene la costumbre
   De dormir por la tarde. Entonces podrás aplastarle los sesos,
   Habiendo cogido primero sus libros, o con un leño
   Partirle el cráneo. O apuñalarlo con una estaca…   90
   O cortarle la garganta con tu cuchillo… No olvides
   Apropiarte primero de sus libros, pues sin ellos
   No es más que un tonto, como yo, ni tiene
   Espíritu alguno que gobernar. Todos le odian
   Tan profundamente como yo. Quema solo sus libros.   95
   Posee artefactos maravillosos (así los llama él)
   Que, cuando tenga una casa, le servirán de adorno.
   Y lo que más merece la pena considerar es
   La belleza de su hija; él mismo
   La llama incomparable… Nunca vi una mujer   100
   Excepto a Sycorax, mi madre, y a ella;
   Pero ella supera por lejos a Sycorax
   Como lo más grande a lo más pequeño.
STEFANO   ¿Tan hermosa es la
                                   / muchacha?
CALIBÁN
   ¡Ay, señor, ella será tu cama, lo garantizo!
   Y te dará retoños espléndidos.   105
STEFANO Monstruo, yo mataré a ese hombre. Su hija
   y yo seremos rey y reina… ¡Dios salve a nuestras gracias! Y
   Tríneulo y tú mismo serán virreyes. ¿Te gusta
   el plan, Tríneulo?
TRÍNCULO Excelente.   110
STEFANO   Dame tu mano. Lamento haberte golpeado, pero
   mientras vivas, ten cuidado con lo que dices.
CALIBÁN
   Dentro de media hora él estará dormido.

¿Lo matarás entonces?

STEFANO   Sí, por mi honor.

ARIEL [*Aparte*] Esto debo decírselo a mi amo.   115

CALIBÁN

Tú me haces tan feliz; estoy rebosante de gozo.
¡Seamos alegres! ¿Cantarías la canción
Que me enseñaste hace poco?

STEFANO   A tu solicitud, monstruo. Haré cualquier cosa razonable,
cualquier cosa. Vamos, Trínculo, cantemos.   120

Canta.

        Búrlate y desprécialos,
        Desprécialos y búrlate,
        El pensamiento es libre...

CALIBÁN   Esa no es la melodía.

                    Ariel toca la melodía con un tamboril y una flauta.

STEFANO   ¿Qué es esto?   125

TRÍNCULO   Es la melodía de nuestra canción, tocada por la
figura de Nadie.

---

118 *whilere*: única vez que Shakespeare utiliza esta palabra, que significa poco tiempo
atrás, hace poco (Cfr. Vaughans, 18).

121-23 Trínculo y Stefano cantan. Calibán quizá se une a ellos pues Stefano le ha enseñado la melodía. No existe consenso respecto al significado de *scout*. Luego de la
alteración del original *cout* en F por *scout*, que Rowe introdujera a efectos de rima,
la mayoría de los editores definen la última como sinónimo de burlarse o insultar.
Orgel, sin embargo, consigna otras dos posibilidades: el sentido obsceno y vulgar
que la palabra podría connotar (*cunt*, coño, genitales) o simplemente una jerga no
registrada con anterioridad (Cfr. Lindley, 114 SD; Orgel, 119; Vaughans, 121-23):

        Flout 'em and scout 'em,
        And scout 'em and flout 'em,
        Thought is free.

126-27 *the / picture of Nobody*. Etimológicamente, *nobody* significa ningún cuerpo o
nadie. Trínculo se desconcierta pues la música de Ariel parece venir de ningún sitio
y ser tocada por nadie. Al mencionar a Nadie, Shakespeare podría estar aludiendo a
la popular comedia anónima *No-body and Some-body*, publicada en 1606, en cuya
primera página se encuentra la ilustración de una figura humana sin torso que John
Trundle, el editor, habría utilizado como letrero para su tienda. Según consignan los
diferentes editores de *Tem*, la personificación tiene una larga historia, comenzando
por el episodio de los cíclopes en *Odisea*, hasta la balada "The Well-spoken Nobody"
que también incluía un dibujo de ella. En cualquiera caso, la audiencia de Shakespeare la conocía bien y podía entender el sentido de las palabras de Trínculo (Cfr.
Lindley, 119-20; Orgel, 124-25; Vaughans, 127; Verity, 136).

STEFANO   Si eres un hombre, muéstrate cómo
tal. Si eres un demonio, hazlo como desees.

TRÍNCULO   ¡Oh, perdona mis pecados!   130

STEFANO   El que muere paga todas las deudas. Te desafío.

/ ¡Piedad

de nosotros!

CALIBÁN   ¿Tienes miedo?

STEFANO   No, monstruo, yo no.

CALIBÁN

No temas; la isla está llena de ruidos,   135
Sonidos y brisas dulces que deleitan y no hacen daño.
A veces, un millar de instrumentos vibrantes
Resuena en mis oídos. Y otras, son voces
Que si acabo de despertar de un largo sueño,
Logran dormirme de nuevo. Y entonces, soñando,   140
Veo que las nubes se abren y muestran riquezas
Que van a derramarse sobre mí… Cuando despierto,
Lloro por soñar otra vez.

STEFANO   Esto probará que el reino es espléndido para mí:
tendré mi música por nada.   145

CALIBÁN   Cuando Próspero sea destruido.

STEFANO   Eso se hará pronto. Recuerdo la
historia.

TRÍNCULO   El sonido se está alejando. Sigámoslo, y
después a hacer nuestro trabajo.   150

STEFANO   Guíanos, monstruo, te seguiremos. Me gustaría poder
ver a ese tamborilero; toca con ganas.

TRÍNCULO [*A Calibán*] ¿Vienes? Yo seguiré a Stefano.

Salen.

3.3   *Entran* ALONSO, SEBASTIÁN, ANTONIO,
               GONZALO, ADRIÁN, FRANCISCO *y otros.*

GONZALO
    ¡Por la Virgen María! No puedo seguir adelante, señor.
    Me duelen mis viejos huesos. ¡Sin duda esto es un laberinto
    Que avanza por derechuras y sinuosidades! Con su permiso,
    Necesito descansar aquí.
ALONSO   Viejo señor, no puedo culparte:
    Yo mismo voy frenado por el agobio,   5
    Hasta embotárseme el espíritu. Sentémonos y descansemos.
    Ahora abandono mi esperanza y ya no la conservo
    Más como mi aduladora: se ha ahogado
    Aquél a quien intentamos encontrar y el mar se burla
    De nuestra inútil búsqueda en tierra. Bien, dejémosle ir.   10
ANTONIO [*Aparte a Sebastián*]
    Me alegra que esté tan desesperanzado.
    No renuncie, por demora alguna, al objetivo
    Que se ha propuesto conseguir.
SEBASTIÁN [*Aparte a Antonio*]   La próxima oportunidad
    La aprovecharemos cabalmente.
ANTONIO   Que sea esta noche,
    Ya que están fatigados por el viaje.   15
    No querrán ni podrán mantener la misma vigilancia
    Que si estuvieran descansados.
SEBASTIÁN   Digo esta noche, nada más...

Música solemne y desconocida, y PRÓSPERO *en lo alto (invisible).*
Entran varias formas extrañas, trayendo un banquete, y danzan
alrededor saludando gentilmente. Tras invitar al
Rey, etc., a comer, se alejan.

---

15   *travail* (trabajo) y *travel* (viaje) eran palabras intercambiables en la época de Shake-
     speare, no solo por sus similitudes ortográficas sino porque realizar un viaje era tan
     arduo que bien se convertía en trabajo. F utiliza *trauaile*, pero la mayoría de los
     editores lo han modernizado por *travel*. Hemos mantenido el sentido original de F
     (Cfr. Lindley y Vaughans, 15).
17. SD   *the top (invisible)*. Término técnico para referir la parte más alta del teatro, sobre
     la galería superior, donde solían sentarse los músicos. Próspero puede ver desde arri-
     ba sin ser visto. No existe evidencia de que todos los teatros contaran con un tercer

ALONSO
    ¿Qué armonía es esta? Mis buenos amigos, ¡escuchen!
GONZALO
    ¡Música dulce y maravillosa!
ALONSO
    ¡Cielos, envíennos ángeles protectores! ¿Qué eran esos?   20
SEBASTIÁN
    ¡Títeres vivientes! Ahora creeré
    Que existen los unicornios. Y que en Arabia
    Hay un árbol, que es el trono del fénix, un fénix
    Que reina allí a esta misma hora.
ANTONIO   Yo creeré ambas cosas.
    Y cualquier otra necesitada de crédito, que venga a mí   25
    Para jurar que es verdadera. Nunca mintieron los viajeros,
    Aunque en casa los condenaran los tontos.
GONZALO   Si en Nápoles
    Contara yo esto ahora, ¿me creerían?
    Si dijera que vi isleños tales
    (Pues sin duda son gentes de la isla)   30
    Que, pese a sus monstruosas formas, mostraban
    Maneras más gentiles y amables de las
    Que podrían encontrarse en la especie humana...
    Muchas... No, casi ninguna.
PRÓSPERO [*Aparte*]   Honesto señor,
    Has hablado bien; pues algunos de los aquí presentes   35
    Son peores que los demonios.
ALONSO   No dejan de asombrarme
    Esas formas, esos gestos y esos sonidos, que expresan
    (Aunque carezcan del lenguaje) un tipo
    Excelente de discurso mudo.
PRÓSPERO [*Aparte*]   Guarda tus halagos para el final.

---

nivel, por lo que la mayoría de los editores coinciden en que la acotación se refiere simplemente a la galería. Es posible, también, que la especificación no provenga de Shakespeare sino de Crane (Cfr. Lindley, Orgel y Vaughans, 17.1).

39 *praise in departing*: expresión proverbial, cuyo sentido es guardar la alabanza para el final de una visita, pues pueden venir cosas mejores antes de partir. Los Vaughan sugieren que no refiere a la salida de los espíritus, sino a una ironía de Próspero que sabe cuáles serán sus próximos pasos (Cfr. Lindley, Orgel y Vaughans, 39).

FRANCISCO
¡Se desvanecieron misteriosamente!
SEBASTIÁN   No importa, pues   40
Han dejado sus viandas tras sí para nuestro apetito.
¿Le gustaría probar algo de lo que hay aquí?
ALONSO   A mí no.
GONZALO
A fe, señor, usted no debe temer. Cuando éramos niños,
¿Quién iba a creer que existían montañeses
Con papadas de toros que colgaban de sus gargantas   45
Cual nódulos carnosos? ¿O que existían hombres que
Tenían sus cabezas encajadas en el pecho? Hoy,
Cualquier mercante por cinco a uno nos daría
Pruebas fehacientes de todo aquello.
ALONSO   Me acercaré y comeré,
Aunque sea lo último que haga. No importa, pues siento   50
Que lo mejor ya ha pasado. Hermano, mi señor Duque,
Acércate y haz como nosotros.

> *Truenos y relámpagos. Entra* ARIEL *como una arpía, bate
> sus alas sobre la mesa y por un raro artilugio el
> banquete desaparece.*

ARIEL
Ustedes son tres pecadores a quienes el destino,
Cuyo instrumento es este bajo mundo
Y todo lo que hay en él, al mar insaciable   55
Hizo que los vomitara. Y en esta isla
Donde no habita el hombre –en la que ustedes
Serían los menos aptos para vivir– yo los he enloquecido…
Mas también con temeridades semejantes se ahorcan y

---

48 *Each putter-out of five for one will bring us…* Según anotan los Vaughan, los viajeros
y exploradores ingleses solían asegurar sus barcos con corredores o agentes para
proteger sus bienes, debido a las dificultades propias de los viajes. El procedimiento
consistía en depositar una suma específica de dinero antes de partir; y si el navegan-
te, al regresar, lograba probar que había arribado a destino, el corredor le entregaba
cinco veces la cantidad depositada. De ahí la expresión. En este contexto, y con
todo, *putter-out* puede referir tanto al corredor como al viajero (Cfr. Lindley, Orgel,
Vaughans y Verity, 48).

Se ahogan a sí mismos los hombres.

[*Alonso, Sebastián y Antonio desenvainan sus espadas.*]

¡Necios! ¡Mis camaradas

/ y yo　　60

Somos ministros del Hado! Los elementos
Con que están forjadas sus espadas serían tan capaces
De herir a los ruidosos vientos, o con estocadas ridículas
Matar a las siempre tempestuosas aguas, como menguar
En algo la docilidad de mis plumas. Mis camaradas ministros　　65
Son igualmente invulnerables. Y aunque pudieran herir,
Sus espadas están ahora demasiado pesadas para sus fuerzas
Y no serían capaces de levantarlas... Pero recuerden
(Pues con este encargo he venido) que ustedes tres
Depusieron al buen Próspero de Milán　　70
Y lo abandonaron al mar –que ya ha cobrado venganza–,
A él y a su inocente niña... Por esta horrible acción
Los dioses, retardándose mas sin olvidarse de nada, han
Enfurecido los mares y las costas –sí, todo lo creado–
* Para destruir la paz de sus mentes. A ti, Alonso, a tu hijo　　75
Te han arrebatado y anuncian ahora a través mío
La ruina total, peor que una sentencia de muerte
Recién dictada; que uno a uno seguirá sus
Pasos y sus caminos. Para preservarse de esa ira,
Que en esta isla tan desolada de otro modo caerá　　80
Sobre sus cabezas, no les queda más que el dolor del corazón
Y una vida limpia.

*Desaparece entre truenos. Luego, con suave música, entran las
formas otra vez; danzan con burlas y muecas, y
se llevan la mesa.*

PRÓSPERO

La figura de esta arpía notablemente has
Representado, mi Ariel. Con una gracia devoradora.
No omitiste nada de mi instrucción　　85
Ni de lo que debías expresar. Con gran naturalidad, también,
Y cuidado extremo, mis espíritus menores
Ejecutaron sus diversos papeles. Mis altos hechizos funcionan.
Y estos, mis enemigos, han quedado completamente atrapados

En sus trastornos... Ahora están bajo mi poder.   90
En esos paroxismos los dejaré mientras visito
Al joven Ferdinand (a quien suponen ahogado)
Y a su dulce amada, que es también la mía.

GONZALO

En el nombre de lo que es sagrado, señor, ¿a qué viene
Esta pasmosa admiración suya?

ALONSO   ¡Oh, es monstruoso, monstruoso!   95
Me pareció que las olas me hablaban y me contaban de esto;
Que los vientos me lo cantaban y que el trueno
–Ese órgano profundo y pavoroso –pronunciaba
El nombre de Próspero... Bajo resonó mi delito.
Entonces, mi hijo descansa en el légamo...   100
Lo buscaré más profundo de lo que nunca llegó la sonda,
Y allí en el lodo con él yaceré.

Sale.

SEBASTIÁN

Si los demonios vienen de a uno a la vez,
Lucharé contra todas sus legiones.

ANTONIO   Yo te secundaré.

Salen [Sebastián y Antonio].

GONZALO

Estos tres están desesperados. Su gran culpa,   105
Como veneno que hace efecto mucho tiempo después,
Comienza ahora a carcomer sus espíritus. Les suplico a ustedes,
Que tienen los huesos más livianos, que los sigan a toda prisa
Y los preserven de aquello que este éxtasis
Puede ahora inducirles a cometer.

ADRIÁN   Síganme, se los ruego.   110

Salen todos.

4.1   *Entran* PRÓSPERO, FERDINAND y MIRANDA.

PRÓSPERO [*A Ferdinand*]
    Si le he castigado muy duramente,
    Su recompensa lo enmienda: yo
    Le entrego aquí un tercio de mi propia vida,
    O aquél por el cual vivo, que una vez más
*   Deposito en tus manos. Todos tus sufrimientos   5
    No eran sino mis pruebas a tu amor, que
    Has superado maravillosamente. Aquí, ante el cielo,
    Ratifico éste mi rico don. Oh, Ferdinand,
    No te sonrías porque la adulo:
    Ya verás cómo supera todas las alabanzas   10
    Y las deja marchitas detrás de sí.
FERDINAND   Lo creo,
    Contra lo que revelara cualquier oráculo.
PRÓSPERO
    Entonces, como don mío y adquisición tuya
    Dignamente obtenida, toma a mi hija. Pero
    Si rompes el nudo de su virginidad antes   15
    De que todas las sagradas ceremonias
    Se hayan celebrado con consumados y santos ritos,
    Ningún rocío de agua dejarán caer los cielos
    Para permitir que este contrato germine. Mas un odio estéril,
    Los amargos ojos del desdén y de la discordia cubrirán   20
    La unión de su lecho con hierbajos tan repugnantes
    Que ambos llegarán a odiarlo. Así, pues, presten atención
    Y la lámpara de Himeneo los iluminará.
FERDINAND   Como espero
    Días de paz, hermosos hijos y una larga vida,
    Y con tanto amor como hasta ahora, ni la cueva más oscura,   25

---

11   *halt*: como verbo, sinónimo de *limp* (cojear o renguear). Como sustantivo, refiere a mustio, lacio, marchito. Si bien aquí se usa como verbo, hemos preferido conjugar el sustantivo por parecernos más sugerente y adecuado al contexto.

23   Himeneo: En la mitología griega y romana, el dios del matrimonio. Se le representa como un joven que lleva una antorcha y un velo (Cfr. Mulgan, p. 256). Se creía que cuando esta antorcha o lámpara brillaba, era señal de una feliz unión; en cambio, si humeaba, el futuro matrimonio estaba destinado al fracaso (Cfr. Lindley, Orgel y Vaughans, 23).

El lugar más propicio o la más fuerte tentación
Que nuestro peor espíritu insinúe, podrán nunca trocar
Mi honor en lujuria para arrebatarme
El gozo de la celebración de aquel día;
Cuando pensaré que los corceles de Febo han tropezado   30
O que la noche está encadenada allá abajo.
PRÓSPERO   Bien dicho.
Siéntate, entonces, y habla con ella. Es tuya.
¡Eh, Ariel! ¡Mi laborioso siervo Ariel!

Entra ARIEL.

ARIEL
¿Qué deseas, mi poderoso amo? Aquí estoy.
PRÓSPERO
Tú y tus espíritus menores el último encargo   35
Han ejecutado dignamente, y aún debo utilizarles
En otro ardid del estilo. Ve a traer a tus acólitos
(Sobre quienes te otorgo poder) aquí, a este lugar.
Ínstalos a moverse rápido, pues debo
Ofrecer a los ojos de esta joven pareja   40
Cierta ilusión de mi magia. Lo he prometido
Y lo esperan de mí.
ARIEL   ¿Ahora mismo?
PRÓSPERO
Sí, en un abrir y cerrar de ojos.
ARIEL
* Antes de que usted pueda decir "ven" y "ve",
Y respirar dos veces y gritar "bien, bien",   45

---

37 *rabble*: grupo de ministros menores. Pensamos que nuestra traducción se ajusta mejor al contexto, ya que estos espíritus o subordinados de Ariel le ayudan a cumplir su misión como los acólitos asisten al presbítero. Además, intentamos respetar el matiz de la expresión *meaner fellows* (espíritus menores) que Próspero utiliza para nombrarlos en v. 35. Es también sinónimo de pandilla o banda, aunque de connotación generalmente peyorativa pues supone un oficio o clase inferior (Cfr. Vaughans, 37; Verity, 20).
44-48 Como en las canciones, la rima del parlamento de Ariel es intraducible sin cambiar palabras y alterar la sintaxis. En su puesta en escena durante los siglos XVIII y XIX, se consideró una canción más. Ariel quiere convencer a Próspero que ejecutará su

Cada uno tropezando con la punta de sus pies
Estará aquí haciendo muecas y ademanes.
¿Usted me quiere, amo? ¿No?

PRÓSPERO
Muchísimo, mi delicado Ariel. No te acerques   49
Hasta que me hayas oído llamar.

ARIEL   Bien, entiendo.

Sale.

PRÓSPERO [*A Ferdinand*]
Mira, sé leal... A tus flirteos amorosos
No des tanta rienda. Los más firmes votos son paja
Ante el ardor de la sangre. Sé más continente
O, de lo contrario, ¡dile adiós a tu promesa!

FERDINAND   Se lo aseguro, señor,
La blanca, fría y virginal nieve que llevo en el corazón   55
Templa el ardor de mis entrañas.

PRÓSPERO   Bien...
Ven ahora, mi Ariel. ¡Procura que sobre
Y que no nos falte un solo espíritu! ¡Aparécete y rápido!

Música suave.

Nada de lenguas, solo ojos. ¡Silencio!

Entra IRIS.

IRIS
Ceres, dama generosísima, tus fértiles campos   60
De trigo, centeno, cebada, algarrobas, arvejas y avena;

---

encargo con extrema rapidez y que logrará incluso que los espíritus hagan muecas
(*mop*) y ademanes (*mow*) (Cfr. Lindley, 44-7):

> Before you can say 'come' and 'go',
> And breathe twice and cry 'so, so',
> Each one tripping on his toe,
> Will be here with mop and mow.
> Do you love me, master? No?

60. SD Aquí comienza la *masque* o mascarada. Sobre el género y su sentido en *Tem*, véase "Introducción", pp. 24-27).

60 Iris: según la mitología griega, diosa del arco iris y mensajera de los dioses, especialmente Juno. Virgilio la representa desplazándose a través del arco iris para llevar sus mensajes (Cfr. Harvey, p. 224).

Tus verdosas montañas donde habitan y pastan las ovejas,
Y las llanas praderas que las guardan cubiertas de forraje;
Tus riberas de orillas laceradas y enjuncadas,
Que el lluvioso abril a tus mandatos adorna 65
Para hacerle castas coronas a las frías ninfas; y tus retamares,
Cuya sombra el desdeñado soltero ama
Al no tener mujer; tus viñedos de parras abrazadas
Y las costas de tu mar, áridas y rocosas,
Donde tú misma tomas el aire... La reina del cielo, 70
Cuyo arcoiris y mensajera soy yo,
Te ordena que dejes... Y con su soberana gracia

Desciende JUNO.

Que aquí, a este fino césped, en este mismo lugar
Vengas y te recrees. Sus pavos reales vuelan ligeros.
Acércate, rica Ceres, para recibirla. 75

Entra CERES.

64 *pioned* (excavado) y *twilled* (entretejido), palabras poco comunes. Según OED (II, pp. 2182; 3448), es en *Tem* donde se registra su uso por primera vez. Shakespeare verbaliza el sustantivo *pion*. El sentido se ha prestado para innumerables discusiones entre editores, llegando algunos a cambiarlas por *peonied* y *tulip'd* o *lilied*, todas referidas a flores. Sin embargo, las peonías no suelen darse en las orillas de los ríos, arroyos o lagos. Tampoco existe consenso respecto de si la erosión de la ribera es consecuencia del desgaste natural de la misma o de la intervención humana. Hemos intentado mantener el sentido original de la expresión en F (Cfr. Lindley, Orgel, Vaughans, 64).

66 Ninfas: deidades femeninas menores de la mitología griega y romana, parecidas a las hadas. Las ninfas del agua se clasifican en tres tipos: Oceánides, ninfas del océano; Nereidas, ninfas del Mediterráneo; y Náyades, ninfas de agua dulce. Las Oréades protegían las grutas y las montañas, mientras que las Dríades y Hamadríades vivían en los árboles. Como bien las describe Iris, las ninfas son frías por su abstinencia de cualquier actividad sexual. Algunas poseían el don de profecía (Cfr. Mulgan, p. 379; Harvey, p. 289; Vaughans, 66).

66 *broomgroves:* terrenos cubiertos por retamas o arbustos de flores amarillas. Habitualmente en un *grove* o bosquecillo no crecen arbustos sino árboles. Así, Orgel apuesta a un uso que Shakespeare pudo haber inventado. Las retamas se utilizaban en los encantamientos para asegurar el éxito de los idilios amorosos (Cfr. Vaughans y Orgel, 66).

68 *pole-clipped:* de *pole* (poste) y *clip* (abrazar). Alude a una viña en la cual los postes o palos son abrazados por las ramas de la vid (Cfr. Verity, 44).

72. SD Juno, esposa de Júpiter, diosa del matrimonio conocida por su belleza. Hera para los griegos (Cfr. Harvey, pp. 200-01).

CERES

    Salve, mensajera de mil colores, que jamás
    Has desobedecido a la esposa de Júpiter.
    Tú que con alas refulgentes de sol sobre mis flores
    Derramas gotas de miel, lluvias refrescantes,
    Y con cada extremo de tu arco azul coronas   80
    Mis tupidos acres y mis desnudas laderas,
    Rica estola para mi orgullosa tierra. ¿Por qué tu Reina
    Me ha convocado aquí a este prado de pastos ralos?

IRIS

    Para celebrar un compromiso de verdadero amor,
    Y conferir un don libérrimo   85
    A los benditos amantes.

CERES   Dime, arco celestial,
    Como de seguro sabrás, ¿Venus o su hijo
    Sirven ahora a la Reina? Desde que tramaron
    Los medios con que el oscuro Plutón obtuvo a mi hija,
    De ella y la escandalosa compañía de su hijo ciego   90
    He renegado.

IRIS   De su compañía
    No temas. Encontré a su deidad
    Rasgando las nubes hacia Pafos y a su hijo
    Con ella impulsados por palomas. Aquí intentaron

76   Ceres: Deméter en Grecia, diosa de la agricultura y protectora de las cosechas. Sus símbolos son el alimento y los granos (Cfr. Harvey, p. 97; Vaughans, p. 142).

78   Como anotan Lindley, Orgel y Verity, quizá Shakespeare hace aquí una referencia a *Eneida* IV, 700-01: *Ergo Iris croceis per caelum roscida pennis, / mille trahens varios adverso sole colores* (De Iris / despliéganse las alas que reflejan / del rocío y del sol los mil matices...

83   *short-grassed green*: césped a ras de suelo donde tiene lugar la mascarada. Seguramente, el pasto bien corto facilitaba el movimiento de los actores. La referencia a un tipo tan preciso de pasto expresa la riqueza del idioma inglés al respecto. Por mencionar solo algunos ejemplos, no es lo mismo *verdant* (abundante verdor), *grassy* (cubierto de hierba) o *verdurous* (vegetación exuberante). *Grass* (pasto) es el nombre más común, mientras que *lawn* es un césped más fino; *sod* una champa; y *turf* una especie de tepe o césped natural (Cfr. Vaughans, 83).

93   La mitología cuenta que Venus o Afrodita, diosa del amor, vivía en la ciudad sagrada de Pafos, en la isla de Chipre. De ahí su apelativo, diosa de Pafos (Cfr. Harvey, pp. 33; 445).

94   Se dice que el carruaje de Venus era impulsado por palomas (*dove-drawn*), aves sagradas del amor. El de Juno por pavos reales y el de Cupido por gorriones (Cfr. Verity, 50; Vaughans, 94).

Un sensual encantamiento sobre este hombre y su doncella,   95
Cuya promesa fue que ningún derecho nupcial se pagase
Antes que la lámpara de Himeneo se encendiera. Pero fue en
                                                    / vano.
La ardorosa amante de Marte ha regresado otra vez.
Su hijo, irascible como las avispas, ha quebrado sus flechas;
Jura que no las lanzará ya más, que jugará con las golondrinas   100
Y se comportará como un niño.

CERES   ¡La reina más majestuosa,
La gran Juno, viene! Por sus pasos la conozco.

JUNO
¿Cómo está mi generosa hermana? Ven conmigo
A bendecir esta pareja, para que sean prósperos
Y se honren con sus hijos.   105

                                              Cantan.

JUNO
          Honor, riquezas y bendita unión,
          Larga vida e imperecedero amor,

---

98   Marte: dios romano de la guerra, cuyo animal sagrado era el lobo. Su carro de dos
      caballos no solo triunfaba en las carreras, sino que lo transportaba por las vías roma-
      nas. Marte cometió adulterio con Venus, llamada su *hot minion* o ardorosa amante
      (Cfr. Harvey, p. 262; Vaughans, 98).
106-17 La canción interpretada por Juno y Ceres contiene una bendición con elementos
      cristianos y paganos. Su tema central es la llegada de la primavera y su abundancia.
      Tras la cosecha de otoño no vendrá el invierno sino una primavera cálida y rica,
      como se desea a los contrayentes en la bendición final del matrimonio cristiano: que
      Dios derrame sobre ellos las riquezas de Su gracia, los santifique y los bendiga. Juno,
      diosa de las riquezas y patrona del matrimonio y los nacimientos, les desea una larga
      vida juntos. Iris los bendice con granos y cereales para hacer el pan, y con el vino de
      los fértiles viñedos; productos ambos nombrados muchas veces en la Biblia como
      sustento del hombre (Cfr. "Introducción, p. 26; Lindley y Vaughans, 106-17):

JUNO
          Honour, riches, marriage-blessing,
          Long continuance and increasing,
          Hourly joys be still upon you;
          Juno sings her blessings on you.
CERES   Earth's increase, foison plenty,
          Barns and garners never empty.
          Vines and clustering bunches growing,
          Plants with goodly burden bowing;
          Spring come to you at the farthest,
          In the very end of harvest.
          Scarcity and want shall shun you,
          Ceres' blessing so is on you.

Estén con ustedes cada dichosa hora.
¡Juno canta sus bendiciones sobre ustedes!

CERES   Suelo fecundo, cosechas abundantes,   110
Silos y graneros siempre llenos.
Viñas fértiles y racimos colmados,
Plantas cargadas hasta doblarse.
¡Que la primavera llegue a ustedes pronto,
Apenas terminada la cosecha!   115
¡Que la escasez y la necesidad les rehúyan,
Estas son las bendiciones de Ceres!

FERDINAND
Muy majestuosa es esta visión y
Armoniosamente encantadora. ¿Me equivoco
Si pienso que todos son espíritus?

PRÓSPERO   Espíritus que, por mi magia,   120
He llamado de sus confines para representar
Mis actuales fantasías.

FERDINAND   ¡Poder vivir aquí para siempre!
Un padre tan singular, prodigioso y sabio,

---

123 *wise* (sabio): uno de las cuestiones más controvertidas de *Tem*. No existe acuerdo entre los editores si la palabra original de F es *wise* o *wife* (esposa). Si bien en las cuatro copias de F (F-F4) la palabra se lee más claramente como *wise*, en 1708 Rowe la sustituyó por *wife* asumiendo que la referencia a Miranda se adaptaba mejor al contexto y que un cajista de F habría confundido la s larga (ſ) por la f minúscula, letras casi idénticas en la época. De ahí en adelante, los editores han intentado un consenso sin éxito. Grupos feministas han insistido en favorecer la lectura de *wife* para reafirmar la importancia de Miranda en la obra. En un sugerente análisis de 1978, Jeanne Addison Roberts asegura que la aparente ſ no es más que una f mal impresa. El tipo móvil con el relieve de la letra pudo haber estado dañado o el cajista no presionó lo suficiente al imprimir y la tinta no tiñó del todo el carácter, perdiendo así su barra oblicua. Sin embargo, como indica la edición de Arden, en su exégesis de las técnicas de impresión de inicios del siglo XVII, Peter W.M. Blayney (1996) afirma que la letra parece ser una ſ bajo todas las posibles circunstancias. Agrega, además, que si se ha confundido con una f ha sido por las manchas de tinta y no por una posible quebradura de la barra de la letra. Aunque la sintaxis de la línea queda extraña con *wise*, no es inusual en Shakespeare; quien a veces pone un adjetivo después de un sustantivo. Con respecto a la rima, *wise* forma una pareada con *paradise* en la línea siguiente, común en las últimas obras del dramaturgo. Otras alternativas a esta cuestión son que Ralph Crane cometiera un error al copiar el manuscrito, que el cajista que recibió la copia de Crane no entendió su letra o que los aprendices cambiaron la ſ por la f al momento de imprimir, pues eran letras contiguas en la caja de tipos. Como estas siguen siendo conjeturas casi imposibles de resolver, nosotros –siguiendo a Arden– hemos optado por *wise*; pues creemos se

Hace de este lugar un paraíso.
> *Juno y Ceres susurran, y envían a Iris con un encargo.*

PRÓSPERO ¡Ahora silencio, querido!
Juno y Ceres susurran seriamente. 125
Falta algo por hacer. Silencio y mudos…
O de lo contrario se romperá nuestro hechizo.

IRIS
Ustedes ninfas, llamadas náyades, de los sinuosos arroyos
Con coronas de juncos e inocentes miradas,
Dejen sus cauces ondulantes y en esta verde tierra 130
Respondan al llamado: Juno así lo ordena.
Vengan, castas ninfas, y ayuden a celebrar
Este compromiso de verdadero amor. ¡No tarden!

> *Entran algunas ninfas.*

Ustedes, bronceados segadores fatigados de agosto,
¡Salgan de los surcos y alégrense! 135
¡A festejar! Vengan con sus sombreros de paja
Y únase cada uno a estas inmaculadas ninfas
En danzas campestres.

---

ajusta mejor a la descripción de Próspero como un sabio que es capaz de convertir el nuevo mundo en un paraíso. Mientras Orgel sigue la teoría de Roberts y opta por *wife*, Lindley comenta que el uso de *wise* parece una redundancia por parte de Ferdinand; y que si el término fuera *wife*, contribuiría a completar la imagen del paraíso del modo como Eva colmó la felicidad de Adán. De las traducciones al español consultadas, Astrana Marín, Ingberg y Pujante optan por *wife*. La edición bilingüe del Instituto Shakespeare toma un camino muy singular: en el texto en inglés registra *wife*, pero en la traducción dice: "Hija hermosa y sabio padre hacen / de este lugar un santuario" (p. 347). Es decir, menciona la sabiduría de Próspero sin dejar de incluir a Miranda en el paraíso que Ferdinand imagina, acomodando ambos sentidos (Cfr. Lindley, "Textual Analysis, pp. 229-30; Orgel, 123; Vaughans, "Introduction", pp. 136-38).

128 Náyades: ninfas de agua dulce. Shakespeare podría haber tomado su descripción de la mascarada de Samuel Daniel, *El festival de Tetis*, representada para la investidura del hijo de Jacobo I, Enrique, como príncipe de Gales en 1610 (murió dos años después). Tetis era ninfa del mar, de las cincuenta Nereidas. En dicha obra se describe a las Náyades llevando el pelo suelto, vestidas con ropas ligeras adornadas de flores, y con guirnaldas y coronas en sus cabezas (Cfr. Vaughans, 128).

Entran algunos segadores, adecuadamente vestidos. Se unen a las
ninfas en un gracioso baile. Hacia el fin del mismo, Próspero
se estremece de súbito y habla. Tras lo cual, ante un ruido extraño
y confuso, todos tristes se desvanecen.

PRÓSPERO [*Aparte*]
  Había olvidado aquella vil conspiración
  De la bestia Calibán y sus cómplices,   140
  En contra de mi vida. El momento de su intriga
  Ya casi llega. [*A los espíritus*] Bien hecho. ¡Váyanse, basta!
                                        [*Los espíritus se van.*]

FERDINAND [*A Miranda*]
  Esto es extraño. Su padre está bajo una excitación
  Que le afecta poderosamente.
MIRANDA   ¡Nunca hasta hoy
  Le vi poseído por una ira tan extrema!   145
PRÓSPERO
  Usted se ve agitado, hijo mío,
  Como si estuviese consternado... Ánimo, señor.
  Nuestro espectáculo ha concluido. Estos actores,
  Como ya le dije, eran todos espíritus y
  Se han fundido con el aire, con el tenue aire...   150
  Y –como la efímera sustancia de esta visión–
  Las torres coronadas de nubes, los magníficos palacios,
  Los solemnes templos y hasta el mismo gran globo,
  Sí, todo lo que habita en él, habrá de desaparecer...
  Tal y como se desvaneció esta insustancial escena,   155
  Sin siquiera dejar una estela detrás. Somos de esa materia
  De la que están hechos los sueños, y a nuestra pequeña vida
  La rodea un dormir... Estoy desconcertado, señor;

---

153 *globe*: referencia al globo terráqueo; es decir, el mundo. Pero también alude al *Globe Theatre* o teatro del Globo, ubicado en la ribera sur del Támesis, uno de los teatros públicos más famosos y concurridos de la era isabelina, donde Shakespeare presentó muchas de sus obras a partir de 1599.

158 Los verbos *dream* (soñar) y *sleep* (dormir) funcionan en este célebre pasaje como metáforas de la existencia del hombre; un ser de materia tan frágil como los sueños y cuya vida no solo es breve sino que la rodea un dormir (*is rounded with a sleep*); esto es, acaba en un dormir (Cfr. Orgel y Vaughans, 158).

Tenga paciencia con mi debilidad. Mi viejo cerebro se turba...
Pero que mis padecimientos no le inquieten.   160
Si le parece bien, retírese a mi gruta
A descansar. Yo daré una vuelta o dos
Para tranquilizar mi agitada mente.

FERDINAND, MIRANDA   Deseamos su paz.

Salen.

PRÓSPERO

Te agradezco que vengas rápido como un pensamiento,
/ Ariel. ¡Ven!

Entra ARIEL.

ARIEL

A tus pensamientos me aferro. ¿Qué deseas?   165

PRÓSPERO

Espíritu, debemos preparar el encuentro con Calibán.

ARIEL

Sí, mi comandante. Cuando presenté a Ceres,
Pensé que te había hablado al respecto, pero temí
Que pudiera hacerte enojar.

PRÓSPERO

Dímelo otra vez, ¿dónde dejaste a esos canallas?   170

ARIEL

*   Como le dije, señor, estaban encendidos por la bebida.
Tan envalentonados, que batían el aire
Porque les respiraba en el rostro y golpeaban el suelo
Porque les besaba los pies. Mas no cejaron ni un momento
En su proyecto. Entonces toqué mi tamboril y,   175

---

167 *presented*: según Lindley, el pasado de la forma verbal presentar puede tener tres
sentidos: actuar o representar el papel de Ceres; haber producido la mascarada de
Ceres; o que Iris presenta a Ceres al público. Se trata de un término teatral que
admite cualquiera de estos sentidos. Sin embargo, el primero parece ajustarse más
al contexto pues sería extraño que Ariel, como productor de la mascarada, hubiera
asumido el papel de Iris al mismo tiempo. Los Vaughan alegan que dada la larga me-
ditación de Próspero en 4.1.148-63, si un actor hubiera tenido el doble papel de Iris
y Ceres, habría tenido tiempo para cambiarse de vestuario. Orgel parece resolver el
asunto afirmando que Shakespeare no habría asignado a Ariel un papel menor que
no requiriera de su bella voz (Cfr. Lindley, Orgel y Vaughans, 167).

Como los potros salvajes, a su compás alzaron las orejas,
Levantaron los párpados y abrieron las narices
Para oler la música... Luego encanté sus oídos
Y como terneros siguieron mis mugidos a través de
Punzantes zarzales, ásperas retamas, tojos pinchudos y
                                    / espinos,   180
Que penetraron sus frágiles canillas. Finalmente los dejé
En esa charca inmunda que está más allá de la gruta,
Bailando con la mugre hasta el cuello; de tal manera, que el
                                  / pútrido lago,
Agitado como estaba, olió peor que sus pies.

PRÓSPERO   Eso estuvo bien
                                  / hecho, pajarillo mío.
Conserva todavía un poco más tu forma invisible.   185
Trae aquí las bagatelas que hay en casa,
Pues serán los señuelos para atrapar a estos ladrones.

ARIEL   Voy, voy. *Sale.*

PRÓSPERO
Un demonio, un demonio de nacimiento, a cuya naturaleza
No puede agregar nada la educación. Las fatigas que
Humanamente padecí, perdidas. ¡Todas, casi todas, perdidas!   190
Y así como con la edad su cuerpo se torna más aborrecible,
Así también su mente se vuelve más maligna. ¡Los
                                  / atormentaré,
Incluso hasta rugir! Ven, cuelga todo de esta cuerda.

Entra ARIEL, *cargado con vestidos relucientes, etc.*
Entran CALIBÁN, STEFANO *y* TRÍNCULO, *todos mojados.*

CALIBÁN
Se los ruego, pisen suavemente; que ni el ciego topo
Escuche un solo paso. Ahora estamos cerca de su gruta.   195

STEFANO   Monstruo, tu hada, que dijiste era un
    hada inofensiva, no ha hecho más que jugar
    al pícaro con nosotros.

TRÍNCULO   Monstruo, huelo entero a pis de caballo, por lo que
    mi nariz está muy indignada.   200

STEFANO   También la mía. ¿Escuchas, monstruo? Si llego
    a tener un disgusto contigo, ¡ya verás!

TRÍNCULO   Entonces serás un monstruo perdido.

CALIBÁN

Mi buen señor, concédeme tu favor un poco más.
Ten paciencia, pues el premio que ganaré para ti   205
Reparará este infortunio. Así, habla suavemente;
Todo está tan quedo como a medianoche.

TRÍNCULO   Sí, pero perder nuestras botellas en la charca…

STEFANO   No solo hay desgracia y deshonor en
aquello, monstruo, sino una pérdida infinita.   210

TRÍNCULO   Para mí fue peor que estar empapado. Esa es
tu hada inofensiva, monstruo.

STEFANO   Voy a recuperar mi botella, aunque hasta las orejas
tenga que hundirme.

CALIBÁN

Te lo ruego, rey mío, silencio. Mira aquí: 215
Esta es la boca de la gruta. No hagas ruido y entra.
Realiza esa dulce acción que te hará de esta isla
Su dueño para siempre. Y a mí, tu Calibán,
Eternamente un lamepiés.

STEFANO   Dame tu mano. Comienzo a tener ideas   220
sangrientas.

TRÍNCULO   [*Ve los vestidos.*] ¡Oh, rey Stefano! ¡Oh, par!
¡Oh, digno Stefano! ¡Mira qué ropero hay aquí para
ti!

CALIBÁN

Deja eso, tonto. Es solo basura.   225

TRÍNCULO   ¡Oh jo, monstruo! Sabemos lo que hay en un
baratillo. ¡Oh, rey Stefano!   [*Se pone unas ropas.*]

STEFANO   Quítate esa túnica, Trínculo. Por esta mano, esa
túnica será mía.

TRÍNCULO   Su gracia la tendrá.   230

CALIBÁN

¡Que la hidropesía ahogue a este tonto! ¿Qué pretendes
Lograr adorando así estos andrajos? Déjalos
Y lleva a cabo primero el crimen. Si él despierta,
Nos pellizcará la piel de pies a cabeza

226 Ver n. 1.2.350.

Dejándonos como cosas extrañas. 235

STEFANO ¡Tú cállate, monstruo! Señora Cuerda, ¿no es
este mi jubón? ¡Ahora está el jubón bajo la cuerda! Ahora,
jubón, estás por perder el cabello y quedar como un jubón
/ calvo.

TRÍNCULO Dale, dale. Nosotros robamos con cuerda y plomada,
/ si
es que le place a su gracia. 240

STEFANO Te agradezco el chiste. He aquí una prenda
por él. La astucia no quedará sin recompensa mientras yo sea
/ el rey de
este país. "Robamos con cuerda y plomada" es un excelente
/ toque
de ingenio. Toma otra prenda por él.

TRÍNCULO Monstruo, ven. Pon algo de resina en tus 245
dedos y llevémonos el resto.

CALIBÁN

No me pondré nada de eso. Perderíamos el tiempo
Y nos convertiríamos todos en lapas o en simios

235-37 En este pasaje hay un juego de palabras y de sentido. Cuando Stefano explica
que el jubón está bajo la cuerda (*line*), puede referirse a la variante *linden* (limero),
árbol usado como objeto de utilería escenográfica, o a una cuerda para colgar ropa,
menos común en los escenarios isabelinos. Es posible también que la expresión *under
the line* aluda a la línea del Ecuador, pues era sabido que cuando los navegantes la
cruzaban contraían enfermedades que les dejaban calvos. Algunos editores ven aquí
un doble sentido o, al menos, una broma de Stefano; pues, por una parte, las enfermedades venéreas provocaban la caída del pelo y, por otra, Stefano ha hablado de
Mistress Line (Señora Cuerda) como una mujer y ha dicho que su jubón está debajo
de ella (Lindley, 193, 234-35; Orgel, 193, 236-37; Vaughans, 235-37; Verity, 207-11).

245 *lime* o *birdlime*: especie de resina o sustancia pegajosa utilizada comúnmente para
atrapar aves. En este caso, para que los vestidos se adhieran a los dedos de Calibán.
El dicho popular decía que los ladrones tenían dedos pegajosos (Cfr. Lindley, 240;
Orgel, 246; Vaughans, 245).

248 *barnacle*: en la segunda acepción como sustantivo, *OED* (I. p. 169) registra su uso en
tres sentidos: una especie de ganso salvaje oriundo de los mares árticos, que migraba
hacia las costas de Inglaterra en invierno. Su lugar de reproducción era desconocido,
pero se creía que salía del fruto de un árbol costero o, al menos, se criaba sobre este
árbol. También puede referirse a un crustáceo marino que se adhería a cualquier
objeto flotante, pero especialmente al fondo de un barco. En un sentido figurado,
barnacle se entiende además como un compañero o servidor que se mantiene muy
cerca. Nosotros hemos optado por el segundo, aunque el tercero también se ajusta
a la idea de cercanía que Calibán quiere expresar. La palabra lapa nos parece muy
gráfica a este respecto.

De frentes viles y estrechas.

STEFANO Monstruo, pon tus dedos a trabajar. Ayúdanos a cargar   250
todo esto hacia donde tengo mi barril de vino o te expulsaré
de mi reino. ¡Vamos, lleva esto!

TRÍNCULO Y esto.

STEFANO Ah, y esto.

Se oye ruido de cazadores. Entran varios espíritus en forma de
perros y sabuesos, que se les van encima. Próspero y Ariel
los azuzan.

PRÓSPERO ¡Ey, Montaña, ey!   255

ARIEL   ¡Plata! ¡Ahí va, Plata!

PRÓSPERO

¡Furia, Furia! ¡Ahí, Tirano, ahí! ¡Escuchen, escuchen!
[*Los espíritus persiguen a Calibán, Stefano y Trínculo fuera de escena.*]
Vayan, ordenen a mis duendes que les trituren las articulaciones
Con convulsiones secas, que les acorten los tendones
Con calambres de anciano y los llenen de pellizcos como las
/ manchas   260
Del leopardo o del gato montés.

ARIEL

¡Escuche cómo rugen!

PRÓSPERO

Deja que los cacen sin piedad. A esta hora,
Todos mis enemigos han quedado a mi merced.
Pronto acabarán todos mis trabajos y tú
Gozarás del aire libremente. Por un breve tiempo,   265
Sígueme aún y sírveme…

Salen.

---

255 Montaña, Plata, Furia y Tirano son los nombres de los perros y sabuesos que persiguen a Calibán, Stefano y Trínculo, azuzados por Próspero y Ariel. Generalmente
los espíritus tomaban forma de animales, como indica la acotación anterior (Cfr.
Verity, 227. SD).

5.1   *Entra* PRÓSPERO, *en sus ropajes mágicos,* y ARIEL.

PRÓSPERO
Ahora mi proyecto alcanza su punto máximo.
Mi magia no pierde poder, mis espíritus me obedecen y el tiempo
Avanza más ligero pese a su carga. ¿Qué hora es?
ARIEL
La hora sexta, mi señor, tiempo en el que usted
Dijo que nuestro trabajo acabaría.
PRÓSPERO   Sí, así lo dije,   5
Cuando al principio suscité la tempestad. Dime, espíritu,
¿Cómo se encuentran el Rey y su comitiva?
ARIEL   Confinados juntos,
Exactamente del modo en que lo dispuso,
Tal y como los dejó. Todos prisioneros, señor,
En el bosquecillo de limeros que guarece la gruta del viento.   10
No podrán salir hasta que usted los libere. El Rey,
Su hermano y el suyo siguen desconcertados;
Mientras que los demás se lamentan al verlos,
Ahogados de pena y consternación. Especialmente
Aquel viejo caballero que usted, señor, llama el buen Gonzalo: 15
Las lágrimas corren por su barba como las gotas de lluvia fría
Sobre los tejados de paja. Su magia actúa tan fuerte en ellos
Que, si usted los contemplara ahora, sus pasiones
Se enternecerían.
PRÓSPERO   ¿Así lo piensas, espíritu?
ARIEL
Las mías lo harían, señor, si fuese humano.
PRÓSPERO   Y las mías lo harán.   20
Si tú, que no eres más que aire, puedes captar y sentir
Sus aflicciones, ¿no debiese yo
(Uno de su especie, que experimento intensamente el dolor y
Padezco tanto como ellos) ser más compasivo que tú?
Aunque con sus graves crímenes me hirieron en el alma,   25
Contra la furia mi más noble razón, sin embargo,
Opongo. La acción meritoria y excelente no radica

3-4 Ver n. 1.2.240. Han pasado ya tres horas desde que comenzó la tempestad y son
alrededor de las seis de la tarde (Cfr. Vaughans, 3-4).

En la venganza, sino en la virtud. Si se arrepienten,
El único objeto de mi propósito no irá más allá
De fruncirles el ceño... Ve, Ariel, libéralos.   30
Desharé mis encantamientos, restituiré sus sentidos
Y serán ellos mismos.
ARIEL   Iré a traerlos, señor.
                                                    Sale.

PRÓSPERO [*Dibuja un círculo.*]
Ustedes, elfos de las colinas, arroyos, quietos lagos y bosques;
Y ustedes que, sin dejar huellas en las arenas tras sus pasos,
Dan caza al oscilante Neptuno y huyen de él   35
Cuando regresa; ustedes, duendecillos, que
Bajo la luz de la luna trazan esos anillos de hierba amarga
Que las ovejas no comen; y ustedes, que tienen por pasatiempo
Hacer brotar las setas de medianoche y se regocijan
Al oír la solemne campanada nocturna, gracias a la cual   40
–Aunque sean débiles maestros– yo he oscurecido
El sol de mediodía, he convocado a los rebeldes vientos,
Y entre el verde mar y la bóveda celeste
Desaté una rugiente guerra... Al pavoroso ruido del trueno
Le prendí fuego y astillé el macizo roble de Júpiter   45
Con su propio rayo... Al sólido y firme promontorio
Estremecí y por las raíces arranqué de cuajo
Al pino y al cedro... Las tumbas, a mis órdenes,
Despertaron a sus durmientes, se abrieron y los dejaron salir
Gracias a mi arte poderosísimo... Pero de esta violenta magia 50
Yo, aquí, abjuro. Y cuando requiera
La música de los cielos (como hago ahora)
Para que se realicen mis fines sobre los sentidos de aquellos
A quienes este sutil hechizo se destina, romperé mi vara,

---

35   *ebbing Neptune*: como dios del mar, Neptuno aparece en el flujo y reflujo de las mareas. De ahí que Próspero lo llame el oscilante Neptuno (Cfr. Vaughans, 35).
40   *the solemn curfew*: en la época de Shakespeare, campanada nocturna que se daba a las nueve de la noche para indicar la hora. Pero, originariamente, como señal de que se debían apagar todos los fuegos de las casas. La creencia popular de que los espíritus quedaban libres desde entonces hasta el amanecer, parece resonar en las palabras de Próspero (Cfr. Orgel y Vaughans, 40).
45   *Jove's stout oak*: roble sagrado de Júpiter, rey de los dioses, por su dureza y resistencia (Cfr. Lindley, Orgel y Vaughans, 45).

La sepultaré muchas brazas bajo tierra   55
Y ahí, más profundo de lo que jamás tocó sonda alguna,
Sumergiré mi libro.

Música solemne.

Aquí entra, primero, ARIEL; *luego* ALONSO, *con gestos frenéticos,*
acompañado por GONZALO; SEBASTIÁN *y* ANTONIO, *de la misma*
manera, acompañados por ADRIÁN *y* FRANCISCO. *Todos entran al*
círculo que Próspero ha dibujado y allí permanecen encantados.
Próspero, al observarlos, dice:

Que un aire solemne y el mejor consuelo
Para una fantasía loca curen el cerebro que,
Inútil ahora, hierve en tu cráneo. Permanezca así,   60
* Pues está usted paralizado por el hechizo…
Venerable Gonzalo, digno de honor,
Mis ojos, movidos por lo que muestran los tuyos,
Derraman lágrimas de amistad. [*Aparte*] El hechizo se
                                        / desvanece rápido;
Y así como la mañana se desliza en la noche   65
Disolviendo la oscuridad, así sus nacientes sentidos
Comienzan a perseguir los vapores de la ignorancia que cubren
Lo más claro de su razón… Oh, buen Gonzalo,
Mi salvador y fiel caballero
De aquel a quien acompañaste, pagaré todos tus favores   70
Al regreso, de palabra y de obra… Muy cruelmente
Me usaste, Alonso, a mí y a mi hija.
Tu hermano estuvo implicado en el hecho…
¡Por el que ahora eres atormentado, Sebastián! Mi carne y
                                        / mi sangre,
Hermano mío, usted que dio cabida a la ambición   75
Rechazando el remordimiento y la naturaleza; quien con
                                        / Sebastián
(Cuyos tormentos internos son, por lo mismo, más fuertes)
* Podrían haber asesinado aquí a su rey… Te perdono,
Aunque seas un desnaturalizado. [*Aparte*] Su entendimiento
Comienza a elevarse y la marea que se aproxima   80
Colmará en breve los márgenes de la razón,
Que yacen ahora barrosos y sucios. Ninguno de los que me

Ha visto ha sido capaz de reconocerme todavía... Ariel,
Ve y tráeme el estoque y el sombrero de la gruta.

[*Sale Ariel y regresa inmediatamente.*]

Me quitaré el manto y me mostraré   85
Como el duque de Milán que alguna vez fui. ¡Rápido, espíritu,
Quedarás libre en poco tiempo!

ARIEL (*Canta y lo ayuda a vestirse.*)

Donde la abeja liba libo yo,
Tendido en una campanilla de primavera:
Allí me escondo cuando los búhos ululan.   90
Sobre el lomo del murciélago vuelo yo,
Persiguiendo alegremente al verano.
Alegre, alegre viviré ahora,
Bajo las flores que penden de la rama.

PRÓSPERO

¡Ah, ese es mi delicado Ariel! Te extrañaré,   95
Pero obtendrás tu libertad... Bueno, bueno, bueno...
¡A la nave del Rey, invisible como estás!
Allí encontrarás a los marineros dormidos
Bajo cubierta. Cuando al Capitán y al Contramaestre

88-94   La canción de Ariel refleja la celebración anticipada de su libertad y la ilusión que tiene de realizar aquellas cosas que le agradan. Es la primera melodía que no ha sido escrita por Próspero y, como anota Lindley, es análoga a la canción de libertad de Calibán en 2.2. Aunque ambos personajes utilizan un vocabulario musical diferente, logran articular un mismo sentimiento. Su música fue compuesta por Robert Johnson (c.1582-1633) (Cfr. Lindley, "Introduction", pp. 20-22 y n. a vv. 88-94):

> Where the bee sucks, there suck I,
> In a cowslip's bell I lie;
> There I couch when owls do cry.
> On the bat's back I do fly
> After summer merrily.
> Merrily, merrily, shall I live now,
> Under the blossom that hangs on the bough.

92   *After summer*: perseguir el verano. Alude a la naturaleza delicada de Ariel que no se adapta bien al frío del invierno, por lo cual persigue el verano como una golondrina que migra hacia lugares más cálidos. Como Próspero ha prometido en la mascarada que no vendrá el invierno, Ariel espera gozar de un eterno verano. Verity apunta que Shakespeare parece haber seleccionado el lomo de un murciélago como el transporte de Ariel, pues se suele relacionar a estos animales con las temperadas tardes de verano; sin embargo, parece que el dramaturgo olvidó, o no sabía, que los murciélagos no migran (Cfr. Orgel, 92; Verity, 91-92).

Hayas despertado, tráelos hasta este lugar   100
Inmediatamente, te lo ruego.

ARIEL
Beberé el aire que hay delante mío y regresaré
Antes que su pulso haya latido dos veces.

Sale.

GONZALO
Todo el tormento, la fatiga, la maravilla y el asombro
Habitan aquí. Que algún poder celestial nos conduzca   105
Lejos de este terrible país.

PRÓSPERO   ¡Contempla, señor Rey,
A Próspero, el ultrajado duque de Milán!
Para que tengas certeza de que un príncipe vivo
Es quien ahora te habla, abrazo tu persona
Y a ti y a tus compañeros les doy   110
La más cordial bienvenida.

ALONSO   Si eres o no quien dices,
O una ilusión mágica para engañarme
(Como lo he estado últimamente), lo ignoro. Tu pulso
Late como si fuese de carne y sangre; y desde que te vi
Siento sanar las penas de mi espíritu, con las que   115
Temo que una locura me sobrevenga. Esto demanda,
De ser cierto, una narración muy singular…
A tu ducado renuncio y te suplico
Que perdones mis faltas. Pero, ¿cómo es posible que Próspero
Viva y se encuentre aquí?

PRÓSPERO [*A Gonzalo*]   Primero, noble amigo,   120
Déjame abrazar tus años, cuyo honor no se puede
Medir ni limitar.

GONZALO   Si esto es cierto o no,
Imposible jurarlo.

PRÓSPERO   Todavía conservan el sabor
De algunas sutilezas de la isla, que no les permiten

---

124 Próspero realiza un juego de palabras con los dos posibles sentidos de *subtleties* o
    sutilezas. Como indican los Vaughan, el mago puede referirse a los ingeniosos me-
    canismos de su magia o, en conjunto con el verbo *taste* (saborear), a los elaborados
    postres de azúcar y mazapán que se solían servir en los banquetes renacentistas; y
    que, en este contexto, aluden a los efectos del azúcar en la capacidad de razonar.
    La metáfora expresa que los personajes están aún bajo el influjo del encantamiento
    (Cfr. Lindley, 123-24; Vaughans, 124).

Tener las cosas por ciertas. Bienvenidos, mis amigos todos.   125
[*Aparte a Sebastián y Antonio*] En cuanto a ustedes, mi par
                                     / de señores, si yo quisiera,
¡Podría arrojarles encima el disgusto de su alteza
Y probar que son unos traidores! A estas alturas
No me andaré con cuentos.

SEBASTIÁN   El demonio habla por él.

PRÓSPERO   No.

A usted, muy perverso señor, a quien llamar hermano   130
Podría incluso infectarme la boca, perdono
* Sus más graves faltas... Todas tus faltas. Y reclamo
De ti mi ducado; sé bien que necesariamente
Habrás de restituirlo.

ALONSO   Si tú eres Próspero,

Danos los detalles de tu salvación.   135
Cómo es que viniste a encontrarnos acá, si hace tres horas
Naufragamos contra estas costas en las que perdí
(¡Qué aguda es la punzada del recuerdo!)
A mi querido hijo Ferdinand.

PRÓSPERO   Lo siento, señor.

ALONSO
Irreparable es la pérdida; y la paciencia   140
Dice que no está en ella el poder remediarla.

PRÓSPERO   Yo más bien
                                            / pienso
* Que usted no ha procurado su auxilio. Pues de su suave gracia,
Por una pérdida semejante, yo recibí poderosa ayuda
Y hoy me doy por contento.

ALONSO   ¿Usted una pérdida semejante?   *

PRÓSPERO
Tan grande y reciente como la suya; y que para soportarla,   145
Pues es pérdida dolorosa, poseo medios mucho más débiles
Que los que usted tiene a mano para reconfortarse... Yo
He perdido a mi hija.

ALONSO   ¿Una hija?

¡Oh cielos, si ambos estuvieran vivos en Nápoles,
rey y reina allí! Si así fuera, desearía estar   150
Yo en el barroso lecho al fondo del mar
Donde yace mi hijo. ¿Cuándo perdió a su hija?

PRÓSPERO

    En esta última tempestad... Veo que estos caballeros
    Han quedado muy admirados por este encuentro,
    Pues desconfían de su razón y se resisten a creer   155
    Que sus ojos dicen la verdad y que sus palabras son
    Aliento natural... Pero como sea que a ustedes
    Se les haya puesto fuera de quicio, tengan por cierto
    Que yo soy Próspero, el mismísimo duque
    Expulsado de Milán y quien, del modo más extraño,   160
    A esta costa donde ustedes naufragaron fue arrojado
    Para ser su amo y señor. Pero no se hable más;
    Es una crónica que requiere narrarse día a día
    Y no una historia para el desayuno, ni menos
    Apropiada para un primer encuentro... ¡Bienvenido, señor!   165
    Esta gruta es mi corte; tengo en ella algunos sirvientes,
    Aunque ningún súbdito en otro lugar. Se lo ruego, observe.
    Y ya que usted me ha restituido mi ducado,
    Le corresponderé con algo igualmente bueno;
    O al menos, será una maravilla que le contentará   170
    Tanto como a mí mi ducado.

Aquí Próspero deja ver a Ferdinand y a Miranda jugando ajedrez.

MIRANDA

    Dulce caballero, me hace trampas.

FERDINAND   No, queridísima mía,

    No lo haría por nada del mundo.

MIRANDA

    Sí, usted disputaría por una veintena de reinos
    Y yo aún así lo llamaría juego limpio.

ALONSO   Si esto es   175

    Una visión de la isla, a un hijo querido
    Habré de perder dos veces.

SEBASTIÁN   ¡Qué milagro extraordinario!

FERDINAND [*Ve a Alonso y a los demás*]

    Aunque amenacen, los mares son misericordiosos.
    Los he maldecido sin causa.

                                [*Se arrodilla.*]

ALONSO   ¡Ahora todas las bendiciones
De un padre dichoso te rodean!   180
Levántate y di cómo llegaste hasta acá.
MIRANDA   ¡Oh, maravilla!
¡Cuántas hermosas creaturas hay aquí!
¡Cuán bella es la humanidad! ¡Oh, asombroso mundo nuevo,
Qué gentes hay en ti!
PRÓSPERO   Para ti es nuevo...
ALONSO
¿Quién es esta muchacha con la que jugabas?   185
Tu amistad más antigua no puede tener más de tres horas...
¿Es ella, acaso, la diosa que nos separara
Para unirnos otra vez?
FERDINAND   Señor, ella es mortal.
Pero por inmortal providencia es mía:
La escogí cuando no podía pedir a mi padre   190
Consejo, ni pensaba que lo tuviera. Ella
Es hija de este famoso duque de Milán,
De quien tantas veces oí hablar
Pero que nunca antes vi; de quien
Recibí una segunda vida; y que en un segundo padre   195
Esta dama ha transformado para mí.
ALONSO   Y yo lo soy de ella.
Oh... ¡Pero qué extraño parecerá que
Deba rogar a mi hija su perdón!
PRÓSPERO   Deténgase ahí, señor.

---

171. SD *discovers*: tercera persona del singular *discover* (descubrir o descorrer). Corresponde a uno de los términos técnicos utilizados en las acotaciones de obras de la época. Dessen lo define en su diccionario de acotaciones teatrales como el acto de descorrer una cortina o mostrar a los miembros de la audiencia, así como a los personajes presentes en el escenario, algo que hasta ahora se ha mantenido oculto o que no han visto (Dessen, p.42). La visión de Ferdinand y Miranda detrás de la cortina impresiona a todos pues hasta ahora han creído que él ha muerto, y que ella sigue siendo una niña y no la bella muchacha que contemplan (Cfr. Vaughans, 171.1).

171. SD *playing at chess*: el ajedrez era un pasatiempo intelectual o juego de la aristocracia durante la época. Nápoles era conocido como el centro más importante de este juego. En la tradición literaria se le asocia con alegorías acerca de la política, o más frecuentemente con el amor cortés y las relaciones sexuales ilícitas. No nos parece que esta última lectura se ajuste al contexto ni al objetivo de la escena (Cfr. Lindley, Orgel y Vaughans, 171.2).

No abrumemos nuestros recuerdos con
Una pena que ya se ha ido.
GONZALO   Si no hubiese llorado por dentro,   200
Habría dicho esto antes: Miren hacia acá, dioses,
Y dejen caer sobre esta pareja una corona bendita;
Pues fueron ustedes quienes trazaron el camino
Que nos condujo hasta aquí.
ALONSO   Yo digo "amén", Gonzalo.
GONZALO
¿Fue Milán expulsado de Milán para que sus nietos   205
Llegaran a ser reyes de Nápoles? Oh, regocíjense
Con una alegría que sobrepase lo habitual y grábenlo
En oro sobre pilares eternos: durante un viaje
Claribel en Túnez encontró esposo;
Y Ferdinand, su hermano, una esposa   210
Donde él mismo se perdió; Próspero su ducado
En una pobre isla; y todos nosotros a nosotros mismos,
Cuando ninguno ya era dueño de sí.
ALONSO [*A Ferdinand y Miranda*]   Denme sus manos.
Que el dolor y la tristeza abracen por siempre el corazón
De quien no les desee felicidad.
GONZALO   Que así sea, amén.   215

Entra ARIEL *con el* Capitán *y el* Contramaestre,
que lo siguen asombrados.

¡Oh! ¡Mire, señor, mire! ¡Aquí hay más de los nuestros!
Yo lo predije: Si había una horca en tierra,
Este tipo no podría ahogarse. [*Al Contramaestre*] Y tú,
                                        / blasfemo,
Que al jurar tiraste la gracia por la borda, ¿no juras en la
                                        / costa?
¿No puedes hablar en tierra? ¿Qué noticias traes?   220
CONTRAMAESTRE
Las mejores noticias son que hemos encontrado a salvo

---

205 El uso del nombre de una ciudad o un país para referirse a un título o a un gobernante, era bastante común en la Inglaterra isabelina. En este caso, el primer Milán
refiere al Duque y el segundo al ducado (Cfr. Lindley, Orgel y Vaughans, 205).

A nuestro Rey y a su compañía. Además, nuestro barco,
Que hace tres horas dimos por perdido,
Está firme, listo y perfectamente ataviado como la
Primera vez que fue echado al mar.

ARIEL [*A Próspero*]   Señor, todos estos servicios   225
He realizado desde que me fui.

PRÓSPERO   ¡Mi travieso espíritu!

ALONSO
Estos no son hechos naturales. Se tornan cada vez
Más y más extraños... Dígame, ¿cómo llegó hasta aquí?

CONTRAMAESTRE
Si estoy seguro, señor, de estar bien despierto,
Me esforzaré por contarlo. Estábamos profundamente
                                      / dormidos   230
Y –no sabemos cómo– confinados bajo cubierta
Cuando, hace unos momentos, extraños ruidos,
Rugidos, alaridos, aullidos, cadenas tintineantes
Y otros muchos sonidos horribles
Nos despertaron. De inmediato fuimos puestos en libertad;   235
Y acabamos de contemplar, intacto como nuestras ropas,
A nuestro real, noble y galante barco. ¡Nuestro Capitán
Saltaba de alegría al verlo! Y en un abrir y cerrar de ojos, si
                                      / le parece,
Como en un sueño, fuimos separados del resto
Y traídos aquí como embotados.

ARIEL [*A Próspero*]   ¿Estuvo bien hecho?   240
PRÓSPERO
Muy bien, mi diligente espíritu. Serás libre.

ALONSO
Es este el laberinto más extraño que hombre alguno jamás
                                      / pisó,

---

223 *three glasses*: ver n. 1.2.240.

236 *our trim*: parece no quedar claro si el Contramaestre se refiere al barco (*our trim: our ship*) o a sus ropas. Para solucionar esta disyuntiva, algunos editores han cambiado *our* (nuestras) por *her* (su, en femenino). Sin embargo, solo hace falta ir a la línea siguiente para darse cuenta que el Contramaestre hace una comparación entre la frescura y buen estado de sus ropas, y las buenas condiciones de la nave (Cfr. Lindley, Orgel, Vaughans, 236).

Y hay en todo el asunto más de lo que la naturaleza
Nunca tuvo bajo su control. Algún oráculo
Deberá rectificar nuestros conocimientos.

PRÓSPERO   Señor, soberano
/ mío,   245

No atormente su razón intentando comprender
Lo extraño de este asunto. En un momento de ocio,
Qué será pronto, le explicaré en privado
(De un modo que le parecerá verosímil) cada uno
De los accidentes ocurridos... Hasta entonces, alégrese   250
Y piense bien de todas las cosas.
[*Aparte a Ariel*]   Ven aquí, espíritu.
Deja en libertad a Calibán y a sus secuaces;
Desata el hechizo.   [*Sale Ariel.*]
[*A Alonso*]   ¿Cómo se encuentra, mi gracioso señor?
Todavía hay algunos de su compañía que siguen perdidos;
Otros muchachos que usted no recuerda.   255

Entra ARIEL, *trayendo a* CALIBÁN, STEFANO *y*
TRÍNCULO, *con los vestidos robados.*

STEFANO   Que cada cual vele por el resto y que nadie
se preocupe de sí mismo, pues todo no es más que suerte.
Coraggio, mi buen amigo monstruo, *coraggio*.

TRÍNCULO   Si estos dos que llevo en mi cabeza fueran buenos
/ espías,

he aquí una bonita vista.   260

CALIBÁN
¡Oh Setebos, realmente bellos son estos espíritus!
¡Qué distinguido se ve mi amo! Temo
Que vaya a castigarme.

SEBASTIÁN   ¡Ja, ja!
¿Qué cosas son estas, mi señor Antonio?
¿Podría comprarlas el dinero?

ANTONIO   Podría ser. Uno de ellos   265
Es un verdadero pescado y sin duda comerciable.

259 *Coraggio* (coraje). En italiano en el original.
261 Setebos: ver n. 1.2.374.

PRÓSPERO

    Miren, señores, las insignias de estos hombres
    Y díganme si son auténticas. Este truhán deforme
    Tuvo por madre a una bruja; y tan poderosa,
    Que controlaba la luna haciendo subir y bajar las mareas,　　270
    Disputándose su dominio y excediéndole en poder.
    Estos tres me han robado; y este medio demonio
    (Pues es uno bastardo) conspiró junto a ellos
    Para quitarme la vida. A estos dos sujetos
    Ustedes los conocen y les pertenecen; a esta cosa de las
                               / tinieblas　275
    Yo reclamo como mía.

CALIBÁN　　　　　　　Seré pinchado hasta morir.

ALONSO

    ¿No es éste Stefano, mi copero borracho?

SEBASTIÁN

    Está borracho ahora. ¿De dónde habrá sacado el vino?

ALONSO

    ¡Y Trínculo hasta se tambalea! ¿En qué lugar
    Encontraron el grandioso licor que los ha dorado?　　280
    ¿Cómo te has convertido en este vinagre?

---

271 *And deal in her command without her power*: verso de dudosa interpretación por el modo en que está redactado. Nuestra traducción quiere explicar que Sycorax sería capaz de usurpar el ascendiente o dominio de la luna sobre las mareas, pero sin necesidad de su poder, más allá de los límites de su poder, o sin todo su poder. El dominio sobre la luna se atribuía comúnmente a las brujas y a los magos; incluso se creía que estos la podían sacar de su órbita. Shakespeare puede estar haciendo aquí una referencia a los atributos de Medea (Ovidio, *Metamorfosis* VII, 207), quien se jacta de poder controlar a la luna (Cfr. Lindley, Vaughans, 271; Verity, 270-71).

280 *gilded*: jerga para estar borracho. Así como el licor enrojece las mejillas y en algunos casos la nariz, los experimentos de alquimia transformaban un metal cualquiera en oro, pues lo enrojecían al fuego. El vino era considerado como el gran elixir de los alquimistas por su capacidad de conferir vida inmortal. Se le llamaba también *drinkable gold* (oro bebestible o potable). Por tanto, cuando alguien bebía mucho licor, se le describía como *gilded*, con el rostro dorado o rojizo (Cfr. Vaughans y Verity, 280).

281 Hay un juego con los diferentes sentidos de *pickle*. El término refiere al líquido salado que actúa como preservante de algunos alimentos. Pero Alonso alude aquí al estado de intoxicación de Trínculo por exceso de alcohol. La viveza del bufón se refleja en su respuesta, pues juega también y dice que ha estado avinagrado desde la última vez que lo vió a él (Cfr. Lindley, 280; Vaughans, 281).

TRÍNCULO He estado avinagrado desde que le viera a usted la
 última vez, y creo que no me lo sacaré de los huesos. Ya no
 tendré miedo a las picadas de mosca.

SEBASTIÁN ¿Qué? ¿Cómo? ¿Stefano? 285

STEFANO ¡Oh, no me toques! ¡No soy Stefano sino un
 calambre!

PRÓSPERO ¿Iba a ser usted el rey de la isla, señorito?

STEFANO Habría sido uno doloroso.

ALONSO
 Esto es lo más extraño que he visto en mi vida. 290

PRÓSPERO
 Es tan desproporcionado en sus maneras
 Como lo es en su figura. Vaya a mi gruta, señorito,
 Y llévese a sus compañeros. Si espera
 Obtener mi perdón, adórnela con buen gusto.

CALIBÁN
 Sí, eso haré; y de aquí en adelante seré juicioso 295
 Y buscaré su perdón. ¡Qué tres veces doble burro
 He sido al tomar a este borracho por un dios
 Y adorar a este tonto de remate!

PRÓSPERO   Vete, fuera.

ALONSO [*A Stefano y Tríunculo*]
 Fuera de aquí y dejen esos andrajos donde los encontraron.

SEBASTIÁN Mejor dicho, donde los robaron. 300

                    [*Salen Calibán, Stefano y Tríunculo.*]

PRÓSPERO
 Señor, invito a su alteza y a su comitiva
 A mi pobre gruta, donde podrán descansar
 Esta noche, que en parte gastaré
 Con un discurso tal que, no lo dudo, la hará
 Transcurrir deprisa: la historia de mi vida 305
 Y de los particulares sucesos ocurridos
 Desde que llegué a esta isla… Por la mañana
 Los llevaré a su barco y, así, a Nápoles;
 Donde espero presenciar las bodas
 Solemnes de estos muy amados nuestros. 310
 Luego me retiraré a mi Milán; donde, de
 Cada tres pensamientos, uno será mi tumba.

ALONSO   Ansío

Escuchar la historia de su vida, que debe
Cautivar maravillosamente a quien la oiga.
PRÓSPERO   Lo diré todo...
   Y les prometo mares en calma, vientos favorables   315
   Y una navegación tan expedita que alcanzarán
   La flota real aunque se halle lejos. [*Aparte a Ariel*] Ariel,
                                             / pollito mío,
   Este es tu encargo... Luego, ¡a los elementos!
   ¡Sé libre y adiós!
   [*A los otros*]   Acérquense, se los ruego.
                                             Salen todos.

Epílogo
dicho por PRÓSPERO

Ahora toda mi magia se ha desvanecido.
Y el poder que me queda es solo mío,
Aunque ya casi se esfuma... Ahora, es cierto,
Debo permanecer aquí confinado por ustedes
O ser enviado a Nápoles. No dejen,   5
Puesto que recuperé mi ducado
Y perdoné al impostor, que habite
En esta desolada isla por su hechizo;
Antes bien libérenme de mis ataduras
Con la ayuda de sus buenas manos...   10
Su dulce aliento mis velas
Debe hinchar, o mi plan fracasará;
Que no era otro sino agradar. Ahora no tengo
Espíritus que gobernar ni arte para encantar,
Y solo me resta la desesperación...   15
A menos que me auxilie la oración,
Que penetra con tal brío que asalta
Hasta la piedad misma, redimiendo toda falta.
　　　Y así como de sus pecados serán perdonados,   19
　　　Que sea su indulgencia quien me libere.

Sale.

EPÍLOGO Muy pocas obras de Shakespeare incluyen epílogos. De hecho, en la época, los
　　　prólogos o epílogos no siempre eran escritos por el autor y se encargaban al director
　　　de la obra o a algún actor cuando la ocasión lo ameritaba (el día del estreno o para
　　　alguna representación especial). No existe consenso acerca de la autoría de este
　　　prólogo, pero se afirma que es único en su especie; pues el actor declara que no es
　　　un actor sino un personaje de ficción: Próspero. Para muchos, es una despedida de
　　　Shakespeare de su oficio de dramaturgo para regresar a su natal Stratford-upon-
　　　Avon; para otros, un modo de dejar el final abierto y que la trama siga más allá del
　　　escenario y del texto. Como sea, la referencia al tema del perdón y la reconcilia-
　　　ción presente a lo largo de toda la obra es clara en este pasaje (Cfr. Lindley, Orgel,
　　　Vaughans, Verity).
9　　*bands* o *bonds* (ataduras o confinamiento): en sentido metafórico, Próspero está
　　　confinado en la isla como el actor lo está en su papel, hasta que el público lo libere
　　　(Cfr. Vaughans, 9).

Dibujo del teatro El Cisne, de Johannes De Witt (c. 1596).

Bibliografía

1. Ediciones del texto

SHAKESPEARE, WILLIAM, *The Tempest*, ed. STEPHEN ORGEL, Oxford World's Classics, Oxford, Oxford University Press, 2008.

_____, *The Tempest*, ed. DAVID LINDLEY, The New Cambridge Shakespeare, New York, Cambridge University Press, 2007.

_____, *The Tempest*, ed. VIRGINIA MASON VAUGHAN & ALDEN T. VAUGHAN, The Arden Shakespeare, 3rd Series, London, Thomson Learning, 2006.

_____, *The Tempest*, ed. J.R. SUTHERLAND, Oxford, Oxford at The Clarendon Press, 1958.

_____, *The Tempest*, ed. A.W. VERITY, Pitt Press Shakespeare, Cambridge, Cambridge University Press, 1954.

2. Traducciones

SHAKESPEARE, WILLIAM, *La tempestad*, introducción, traducción y notas de PABLO INGBERG, Buenos Aires, Losada, 2005.

_____, *La tempestad*, ed. INSTITUTO SHAKESPEARE, Madrid, Cátedra, 2005.

_____, "*La tempestad*", *Obras selectas*, traducción y edición de ÁNGEL-LUIS PUJANTE, Madrid, Espasa Calpe, 1999, pp. 599-696.

_____, "*La tempestad*", *Teatro de William Shakespeare*, vol. II, introducción, traducción y notas de JOSÉ MARÍA VALVERDE, Barcelona, Planeta, 1968, pp. 1505-73.

_____, "*La tempestad*", *Obras completas*, traducción de LUIS ASTRANA MARÍN, Madrid, Aguilar, 1951, pp. 2025-67.

3. Bibliografía general

ADAMSON, SYLVIA; HUNTER, LYNETTE; MAGNUSSON, LYNNE; THOMPSON, ANN; & WALES, KATIE (eds.), *Reading Shakespeare's Dramatic Language. A Guide*, London, The Arden Shakespeare, 2001.

AUDEN, W.H., *The Sea and the Mirror. A Commentary on Shakespeare's "The Tempest"*, Princeton and Oxford, Princeton University Press, 2003.

BOULTON, JEREMY, *Neighbourhood and Society. A London Suburb in the Seventeenth Century*, Cambridge Studies in Population, Economy and Society in Past Time, Cambridge, Cambridge University Press, 2005.

BULLOUGH, GEOFFREY, *"The Tempest", Narrative and Dramatic Sources of Shakespeare. vol. VIII: Romances*, New York, Columbia University Press / London, Routledge & Kegan Paul, 1975, pp. 237-339.

DESSEN, ALAN C., "Interpreting without a dictionary", *Recovering Shakespeare's Theatrical Vocabulary*, Cambridge, Cambridge University Press, 2006, pp. 39-63.

Diccionario de la Lengua Española, Real Academia Española, Madrid, Espasa, 2001.

Diccionario Técnico Marítimo, 2 vols., Sección de Instrucción, Marina de Guerra, República de Cuba, 1955.

EADES BENTLEY, GERALD, *The Profession of Dramatist in Shakespeare's Time*, Princeton, N.J., Princeton University Press, 1971.

FASS, EKBERT, *Shakespeare's Poetics*, Cambridge, Cambridge University Press, 1986.

FRYE, NORTHROP, *"The Tempest", On Shakespeare*, Ontario, Fitzhenry & Whiteside, pp. 171-86.

JOWETT, JOHN, *Shakespeare and Text*, New York, Oxford University Press, 2007.

KOTT, JAN, "Prospero's Staff", *Shakespeare our Contemporary*, New York, Norton, 1974, pp. 293-341.

McDONALD, RUSS, "Reading *The Tempest*", *Shakespeare Survey*, vol. 43, 1990, pp.15-28.

MIOLA, ROBERT S., *Shakespeare's Reading*, Oxford, Oxford University Press, 2000.

NUTTALL, A.D., *Two Concepts of Allegory. A Study of Shakespeare's "The Tempest" and the Logic of Allegorical Expression*, New Haven & London, Yale University Press, 2007.

TAYLOR, MICHAEL, *Shakespeare Criticism in the Twentieth Century*, New York, Oxford University Press, 2001.

The Compact Edition of the Oxford English Dictionary, 2 vols., New York, Oxford University Press, 1973.

The Concise Oxford Dictionary of English Literature, ed. JOHN MULGAN, Oxford, Oxford at The Clarendon Press, 1957.

The Oxford Companion to Classical Literature, ed. Sir PAUL HARVEY, Oxford, Oxford at The Clarendon Press, 1951.

POOLE, WILLIAM, "False Play: Shakespeare and Chess", *Shakespeare Quarterly*, vol. 55, N°1, Spring 2004, pp.50-70.

VICKERS, BRIAN, *The Artistry of Shakespeare's Prose*, London, Routledge, 2005.

_____, *Shakespeare, Co-Author. A Historical Study of Five Collaborative Plays*, Oxford, Oxford University Press, 2004.

VIRGILIO, "*Eneida*", traducción de Aurelio Espinosa Pólit, *Obras completas*, Barcelona, Cátedra, 2003.

WIGGINS, MARTIN, "The King's Men and After", *The Oxford Illustrated History of Shakespeare on Stage*, JONATHAN BATE & RUSSELL JACKSON (gen. eds.), Oxford, Oxford University Press, 2001, pp. 23-44.

_____, "*Hamlet* within the Prince", *New Essays on Hamlet*, MANNING & BURNETT (eds.), New York, AMS Press, 1994, pp. 209-26.

Obras de William Shakespeare
publicadas por Editorial Universitaria

EL MERCADER DE VENECIA
Prólogo de Fernando Debesa
Traducción y notas de Juan Cariola L.

HAMLET. PRÍNCIPE DE DINAMARCA
Traducción de Juan Cariola L.

ROMEO Y JULIETA
Traducción, prefacio y notas
de Juan Cariola L.

TRES COMEDIAS
Prólogo de Fernando Debesa
Traducción y notas de Juan Cariola L.

TRES TRAGEDIAS
Prólogo de Fernando Debesa
Traducción y notas de Juan Cariola L.

MACBETH (en preparación)
Traducción y notas preliminares
de Armado Roa Vial

LA TEMPESTAD
Traducción, introducción y notas
de Paula Baldwin Lind y Braulio Fernández Biggs